Beat Rudolff Tscharner

**Historie der Stadt Bern**

Beat Rudolff Tscharner

**Historie der Stadt Bern**

ISBN/EAN: 9783744627825

Hergestellt in Europa, USA, Kanada, Australien, Japan

Cover: Foto ©ninafisch / pixelio.de

Weitere Bücher finden Sie auf **www.hansebooks.com**

# Fortsezung

## der

# Historie

## der

# Stadt Bern,

bis auf das Jahr 1630.

## BERN

Gedrukt bey Dan. Brunner, und Albr. Haller.

### 1 7 6 6.

# Vorrede.

Hier liefere ich dem geneigten Leser den zweyten Theil meiner Historie der Stadt Bern, welcher einen blossen Auszug von Herrn Stettlers Nüchtländischen Geschichten, ohne fremde Zusäze, enthaltet. Der ziemlich geschwinde Abgang des ersten Theils, hat mir Hofnung gemacht, daß meine Arbeit Liebhabere gefunden; in Erwartung etwas besseres von einer geschiktern Feder,

kan

kan sie zu einer Einleitung in die vaterlän=
dischen Geschichten nicht undienlich seyn.

Es ist gar wohl möglich, daß ich mich
durch meinen Wegweiser zu etlichen hi=
storischen Irrthümern habe verleiten las=
sen, villeicht aber nur zu solchen, die
von keiner grossen bedenklichkeit sind.
Es ist gar wohl möglich, auch sehr wahr=
scheinlich, daß die lezte Herzogin von
Zärringen an dem Tode ihrer Stiefföh=
nen keinen Antheil gehabt. Es kan
auch seyn, daß erst Berchtold der IV.
mit dem kleinern Burgund begabet wor=
den. Es erlaube mir jedoch der Ver=
fasser der Recension meiner Historie, die
in den wochentlichen Anzeigungen von
Zürich sich befindet, zu behaupten, daß
dieses noch nicht gänzlich erörtert ist;
die Kastvogtey der Bißthümern Sitten,
Lau=

Lauſanne und Genf, womit dieſer Berchtold iſt belehnet worden, und klein Burgund ſind bey mir nicht Benennungen
einer gleichen Sache; hingegen iſt gewiß, daß ſchon Conradus klein Burgund mit den Waffen erobert hat.

Die Frage: ob Bern gleich anfangs
auf des Reichs Boden angelegt worden?
deren Entſcheidung der gemeldte Herr
Verfaſſer von mir verlangt hatte, iſt
nicht leicht zu beantworten: Muthmaß-
ſungen kan man wohl anbringen, aber
wenig gewiſſes. Daneben kommt mir
dieſes keineswegs ſo wichtig vor; der Boden der Stadt Bern iſt zu gleicher Zeit
zu einem Reichsboden geworden, da der
Herzog dieſelbe zu Handen des Reichs,
dem Kayſer übergeben, und der Kayſer
ſelbige hierauf zu einer Reichsſtadt ge-

)( 3 macht;

macht; was aber dieses vorher vor ein
Boden gewesen sey, darum hat sich ein
Berner wenig zu bekümmern; doch glau-
be ich, ohne daß ich mich deßwegen in
einen Streit einlassen möchte, Bern seye
auf den Reichsboden gebauet worden.

Indessen bin ich dem Herrn Verfasser
gemeldter Recension vor seine freundschaftliche und bescheidene Art mich zu
beurtheilen, sehr verbunden, und frage
ihn nur noch, ob ich nicht zu entschuldigen seye, wenn mich die Vortheile
meines Vaterlandes zu sehr eingenommen? Was man liebet, betrachtet man
immer von der vortheilhaftesten Seite.

Meine Absicht gienge zuerst dahin,
mich bey der Geschichte der Reformation ein wenig aufzuhalten, und diese
wich-

wichtige Begebenheit ein wenig umständlich zu erzehlen, wie ich mich zu Ende
des ersten Theils dazu anheischig gemacht. Allein ich gestehe es aufrichtig,
ich glaubte nach reiffer Ueberlegung,
diesem Werke nicht gewachsen zu seyn.
Es ist schwer eine solche Materie mit einer
gänzlichen Unparteylichkeit zu behandeln,
und wenn ich schon dieses hätte zu stande bringen können, so wäre meine Erzehlung jedoch allezeit der Gegenpartey
verdächtig vorgekommen. Da nun des
fleißigen Herrn Ruchat seine Reforma-
tionsgeschichte (*) vast in jedermanns
Händen ist, so hat mich dieses desto
eher bewogen, von meinem vorhaben
abzustehn.

Der

(*) Ich habe aus derselbigen verschiedene Umstände von der Eroberung der Waadt hergenommen,
die Herr Stettler ausgelassen.

Der Mangel an genugſamen Hülfs-
mitteln, der Zweifel, ob man gerne
ſehen würde, daß ich dieſes Werk bis
näher zu den gegenwärtigen Zeiten
fortſezte, bewegen mich, meine Hi-
ſtorie bey dem gleichen Zeitpunkte zu be-
ſchlieſſen, wo Herr Stettler ſeine nücht-
ländiſche Geſchichten geendiget hat. Ich
bitte noch einmal meine Herren Mitt-
bürger, und alle Leſer insgeſamt, in
Betrachtung der guten Abſicht, die Fehler meiner Arbeit nicht zu genau zu un-
terſuchen.

# Historie

### der

# Stadt Bern.

---

## Zweyter Theil.

---

## Dreyzehntes Buch.

### Inhalt des Dreyzehnten Buchs.

Unterwalden. Bottschafft der katholischen Orten nach Bern. Anschein zu einem innerlichen Kriege. Die Feindseligkeiten fangen würklich an. Es wird aber damals noch Friede gemacht. Streit zwischen Savoyen und Genf. Streit wegen Grasburg und Guggisberg. Fortgang der Reformation. Die Abtey St. Gallen wird ledig. Dieses giebt Anlas zum Krieg zwischen den Cantonen. Ursprung des Löffelbundes. Bern, Freyburg und Solothurn bekommen Antheil an der Kastvogtey im Thurgäu.

Dieses Buch geht von 1528. bis 1531.

**1528.**

**Disputation zu Bern.**

Wir haben zu ende des ersten Theils gemeldet, daß die Obrigkeit von Bern beschlossen, im anfange des 1528. jahres ein Religionsgespräch in ihrer stadt zu halten. Der Kayser lies sie durch ein schreiben vom 28. christmonat des vorhergehenden jahres ernstlich davon abmahnen, und vorstellen: dieses stehe nicht einem besondern staate, sondern der gesamten Christenheit zu, änderungen in der verfassung der Kirche zu machen, und zu diesem ende eine Disputation auszuschreiben; er habe im sinn, eine Kirchenversammlung zu berufen, deßwegen sollten sie indessen stille sizen, und die entscheidung derselbigen erwarten.

Eine

Eine gleiche abmahnung bekamen sie auch 1528.
von seiten der bischöffe, mit beygefügter erklärung: daß sie dem Gespräche nicht beywohnen
werden. Niemand aber schrieb ihnen schärfer
über diese materie, und mit minderer bescheidenheit, wie sichs sonsten unter Ständen geziemet, als die katolischen Orte; sie schlugen
auch dem Zwingli das sichre geleit durch die
grafschaft Baaden ab, um sich nach Bern
auf die Disputation zu verfügen. In gemeld-
tes schreiben der Cantone hatten die von Glaris und Solothurn nicht gewilliget, obwohlen es in aller namen gestellt war, deßwegen
wurde ihrer auch in dem empfindlichen ant-
wortschreiben des Standes Bern keine meldung gethan.

Dieser vorstellungen und bedrohungen ungeacht nahm die Disputation ihren anfang den
7. jenner, und währte 19. tage; es wohnten
selbiger sehr viele fremde personen bey, und
präsidenten der Disputation waren: Joachim
von Wadt, doktor, burgermeister zu St.
Gallen; der probst zu Interlaken; und da
lezterer krankheit halber nicht mehr beywohnen
konnte, kamen an seinen plaz: der abt von
Gottstadt, und der kommenthur zu Küßnacht
am Zürichsee.

Nach geendigtem Gespräche wurden die chor-

A 2 herren

herren befragt, ob sie Berchtold Hallers und Franz Kolbens schlußreden unterschreiben wollten? sie bewilligten darein, wie auch die meisten von den predigerordensbrüdern, und fast alle pfarrherren auf dem lande. Im amte Aelen wurde eine besondre lateinische Disputation gehalten, in welcher Wilhelm Farel die auf dem Evangelio gegründeten meynungen vertheydigte; die folgen aber waren nicht so glüklich, und die pfarrherren von Roville, Ber, Olon, Ormont, 2c. blieben bey dem katholischen Glauben.

Hierauf wurde ein Gespräch mit den Wiedertäuffern angestellt; und als man sie ihrer irrthümer überwiesen, wurden die, so gleichwohl selbige nicht ablegen wollten, des lands verwiesen.

Die Meß aber ward, ausser in dem spithal, sonsten in der stadt überall eingestellt, und den geistlichen auf dem lande befohlen, sich auch nach den schlußreden, so sie unterschrieben, künftig zu verhalten.

Doch liessen noch zu guter lezt die familie von Diesbach, und die mezger, in ihren kapellen im St. Vinzenzenmünster, dessen leztes fest fast niemand feyern wollte, Messe lesen. Bald darauf wurden die altäre und bilder weggethan, einem jeden erlaubt wegzunehmen,

was

was er oder seine voreltern an kirchenzierden 1528.
dargeschafft, und die ganze gemeinde in den
kirchen beeydigt, der Obrigkeit die neuen ver-
ordnungen in Religions- und Kirchensachen
handhaben zu helfen, und keinergestalt sich
selbigen zu widersezen. Dem Wilhelm Farel
ward ein offner brief an die vier mandemens
von Aelen übergeben, daß sie ihn ungehindert, wo er es begehre, den neuen Glauben
predigen lassen.

Es erregten aber die bauern, so entweders
lieber katholisch geblieben wären, oder gehoffet, man werde die beschwerden, so sie bisdahin getragen, ihnen abnehmen, und selbige
nicht von seiten der Obrigkeit fordern, so wie
sie solche bisdahin den klöstern und übriger
geistlichkeit entrichten müssen, mancherley un-
ordnungen, die sehr bedenklich werden konnten; insonderheit führten sich die angehörigen
des klosters Interlaken und die einwohner
vom Haslilande recht ungestüm auf.

*Unruh im Oberlande.*

Die von Interlaken schikten eine bottschaft
gen Bern, und als nicht sogleich eine er-
wünschte antwort erfolgte, drohten sie: sie
wollten sich selber in freyheit sezen; und je
freundlicher ihnen der auf eingelauffene nachricht dahin geschikte Peter im Hag, bauherr
des Raths, begegnete, desto troziger stellten

A 3                               sie

1528. sie sich; überfielen endlich unversehens das Kloster, so daß der neubestellte amtmann Hüpschi,
und der schultheiß Sigmund von Unterseen,
mit guten worten ihr leben kaum retten
konnten.

Hierauf wurde der schultheiß von Erlach,
samt etlichen zugegebenen rathsgesandten, und
von einer bottschaft von Thun begleitet, an
die landleute abgeschikt; richteten aber so wenig aus, daß die gesandten von Bern und
Thun sich aus ihren händen reissen, und den
see hinab flüchten mußten.

Die Thuner führten sich getreu und klug zugleich in diesem handel auf, und wollten bey
1000. aufrührischer klosterbauern von Interlaken nicht nach Bern ziehen lassen, sondern
versperrten ihnen mit ihrer eignen größten gefahr den paß, sintemalen dieses ungestüme
landvolk sich würklich in ihrer stadt befand, und
noch durch die zugelauffenen Oberhasler verstärkt wurde, die zween gesandten von Unterwalden mit sich brachten; die Unterwaldner,
nemlich den ammann Halter, und seckelmeister
Wirz, schikten sie zurük, die Oberhasler aber
mußten sie bey sich gedulden.  Die verordnete
von Niedersiebenthal, Unterseen und Unspunnen halfen ihnen die widerspenstigen Interlaker, zu abhaltung aller gewaltthätigkeit, zu
bereden.

Indes-

Indeffen wurden von der Obrigkeit zu 1528.
Bern, der sekelmeister Hüpschi und der venner Willading, zween weise und den bauern
angenehme männer, in aller eil zu den aufrührern in das Oberland geschikt, diese brachten es mit hülfe der erst gemeldten verordneten
der benachbarten landschaften und gemeinden,
und der ausgeschossenen von Aeschi und Spiez
dahin, daß auf angebottene gnade der Obrigkeit, die Interlaker gestillet, und auf den 4.
may vor Räth und Burger erscheinen, um
ihre klagen vorzubringen, und die entscheidung zu erwarten, der tag ihnen angesezt
wurde.

Die Berner stellten bey diesen bedenklichen
umständen überall wachten aus, und forsch-
ten nach, wie die nächsten unterthanen und
Bundsgenossen von Freyburg, Solothurn und
Biel gegen sie gesinnet seyen. Man traf ungleiche, jedoch mehr gute als böse gesinnungen an.

Nun auf den bestimmten tag erschienen nach
obrigkeitlichem befehl die ausgeschossene von allen
ämtern, und in ihrer aller gegenwart mußten
die botten der aufrührischen unterthanen her-
vortretten, und nachdem man ihnen ihren begangenen fehler vorgehalten, und ihre be-
schwerdartikel hingegen auch abgelesen, antwortete

A 4

1528. tete man von seiten der Obrigkeit darauf, und die ausgeschossene der unterthanen, gaben als schiedrichter folgenden spruch:

Es sollte die stadt Bern bey ihren wohlhergebrachten alten landsherrlichkeiten verbleiben; die von Interlaken selbiger zinse und zehnden ohne alle einrede entrichten, und sich gehorsam einstellen; was aber andere beschwerden seyen, zu selbiger erörterung solle eine bottschaft von der stadt und landschaft Bern gen Interlaken gefertiget werden. Indessen wurde zu beyderseitiger sicherheit, daß die unterthanen ihrer Obrigkeit landsherrlichkeiten, und die Obrigkeit der unterthanen freyheit unbekränkt bleiben lassen wollen, in gegenwart einer rathsbottschaft von Zürich, brief und siegel aufgerichtet.

*Unruh im Seelande und zu Aelen.* Die vom Haslilande waren nicht die einzigen, die gerne die zinsen und zehnden nicht länger ausgerichtet hätten. Etwa 60. mann aus dem amte Nydau überrumpelten das kloster Gottstadt, schlemmeten und praßten darinnen, wurden aber des folgenden tags durch eine bottschaft von Bern und Biel zum abzuge beredt. Sie mußten den begangenen schaden und die verursachten kösten bezahlen, und die anführer wurden nach verdienen abgestrafft.

Es

Es rotteten sich auch bey 100. bauern aus 1528. dem landgericht Zollikofen zusammen, zogen ins kloster Frienisberg, und wurden auf gleiche weise gestillet. Es wollten sich noch mehrere daherum und im amte Erlach den obrigkeitlichen ordnungen widersezen, gaben sich aber endlich zufrieden.

Die landleute in den 4. mandementen von Aelen regten sich gleichfalls, wurden aber durch das kluge betragen des neuen gubernators, Rudolf Nägeli, wieder zur ruhe gebracht.

Die unterthanen hatten gehoffet, bey abschaffung der klöster und einführung der Reformation, von den beschwerden, so sie den ordensleuten und andern geistlichen entrichten müssen, losgesprochen zu werden; da sie aber sahen, daß sie nichts dabey gewannen, und den amtleuten, zu handen der Obrigkeit, selbige nunmehr schuldig geworden, kam ihnen die Religionsänderung nicht mehr als eine so heilsame sache vor; und weil man sie in der that zum theil begründet finden mußte, wirkten die erfolgten unruhen eine billige nachlassung, zu deren man freywillig aus landsväterlichen betrachtungen gleich anfangs hätte schreiten sollen.

Die bottschaft, welche gen Interlaken abgefer-

1528. gefertigt wurde, bestuhnd aus folgenden personen: Der sekelmeister Hüpschi, der venner
Willading, Peter von Werdt, Bartlome
Ybach, des kleinen raths; der großweibel
Hüpschi, Hans Gosteli, Peter Rybo, und
Wilhelm Runst, des grossen raths; der venner Heß, von Thun; Hans Conrad, von
Burgdorf; der Schultheiß Meyer, von Lenzburg; der venner Schmalz, von Nydau; die
übrigen unterthanen schikten in ihrer aller namen: den amman Bürki, von Neuenschwand;
den venner Obersteg, von Obersiebenthal; den
venner Lenherr, von Niedersiebenthal; den
venner Sparre, von Frutigen; und zu diesen verfügte sich noch mit obrigkeitlicher bewilligung, der venner Jans, von Sanen.

Diese bottschaft verhörte zwölf tage lang die
verschiedenen klagen der empörten unterthanen an; die Grindelwalder begehrten wieder-
aufrichtung der Messe, oder doch nachlassung
der zinsen und zehnden. Endlich wurde eine
milterung derselbigen, wie auch der fällen,
währungen und schazungen, item der beschwer-
ten armengüter, eine aufhebung von 5000.
pfund hauptguts, und das ausgeben des all-
mosens, erkennt; die kösten fielen auf die gewesenen ordensleute, welche zu dieser aufruhr
nicht wenig beygetragen, und den folgenden
pfingstmontag wurde diese durch die bottschaft
aus-

ausgewirkte berichtigung von Räth und Bur- 1528.
gern angenommen und bestätiget.　Es wurde
aber dadurch nur asche über das feuer geworf-
fen; es brach selbiges hernach wiederum mit
hellen flammen aus.

Indessen hatten die von Interlaken und die Fernere
Oberstebenthaler, die lieber die Meß beybehal- Unruhen
ten wollten, die ihnen gegebenen prediger beur- lande.
laubet.　Die von Frutigen waren auch also
gesinnet, und durchsuchten dem predikanten
Johannes Haller sein haus, wovon er solchen
schreken bekam, daß er nicht länger auf seiner
pfrund bleiben wollte.

Im Haslilande wurde den 7ten junius in
gegenwart etlicher Unterwaldner an gehaltener
landsgemeinde, aus anstiften etlicher der vornehmsten fünfzehnern mit dem mehr der stimmen erkennt: die Meß und übrige stüke des
Pabstthums bis zu einem allgemeinen Concilio
wieder einzuführen, und selbige mit leib und
gut zu schirmen; umsonst hatten sich der ammann Augustin, von Weissenflüh, und viele
der redlichsten männer diesem schlusse entgegen gesezt.

: Die Obrigkeit von Bern trachtete nach ihrem alten gebrauche, die gemüther in der liebe
und freundlichkeit zu beruhigen, und schikten
rathsbotten gen Hasli und gen Unterwalden,
die

1:28. die aber unhöflich abgewiesen wurden. Die von Hasli begnügten sich indessen nicht mit den priestern, die sie aus Unterwalden bekommen, sondern meldeten sich noch bey dem Stand Ury um einen kirchherrn an, der ihnen bewilliget, und von zween Urnergesandten dahin begleitet wurde. Doch wollten weder die von Ury, noch die von Unterwalden den namen haben, daß sie von Stand aus den Haslithalern von ihren geistlichen geschikt. Die unterthanen sagten: es sey wider ihre freyheiten, daß man sie bey ihrem alten glauben nicht wolle bleiben lassen, und erbotten sich rechtens vor den Eydgenossen, wiesen auch eine zweyte bottschaft von Bern ab.

Darauf wurde eine dritte bottschaft an sie abgeschikt, diese bestuhnd aus den ausgeschossenen der 4. städten, der 4. landschaften, und der 4. landgerichten. Es war aber alles umsonst, sie verliessen sich auf die hülfe der Unterwaldner; die, so sie von Ury und Zug begehrt, war ihnen abgeschlagen worden, und die Cantone Luzern und Schweiz führten sich auch gut eydgnößisch auf. Die Unterwaldner aber hielten ihrentwegen etliche Tagsazungen; und als die bernerischen landbotten heimreisten, trafen sie zu Brienz eine bottschaft von Unterwalden an, die einen meßpriester mit sich gebracht hatte, mit deren sie in wortwech-

sel

sel geriethen; sie gab vor, die gemeind Brienz 1528.
sey eine Collatur von Engelberg, und folglich
seyen die Unterwaldner als kastvögte des klosters befugt, einen priester dorten einzusezen;
die landbotten aber behaupteten, dieses könne
nicht geschehen, ohne der bernerischen lands-
herrlichkeit einen eingriff zu thun.

Nach diesem allen ließ man noch ein weitläuftiges vermahnungsschreiben an die Hasli-
länder von Bern aus ergehn, und stellte ihnen vor, den versazungsbrief zu betrachten,
welchen kayser Heinreich den freyherrn Johann und Peter von Weissenburg um land
und leut zu Hasli den 13. junius 1311. gegeben; item den ursazbrief, den gemeldter kayser im gleichen jahre bewilliget, auch den
brief so Werner von Restl, ritter, der ammann und die landleute gemeiniglich der stadt
Bern im jahre 1333. der jahrssteuer wegen
zugestellt; item Johannes Ruffen kauffbrief
als käuffer, und des gleichen kauffbrief als ver-
käuffer zu handen der stadt Bern, und andere schriften mehr. Als dieses schreiben vom
30. augstmonat abgelesen worden, verfügten
sich etliche der vornehmsten aufrührer gen Unterwalden, Brienz und Grindelwald, drangen auf eilige zusammenberuffung einer landsgemeinde wider die ungehorsamen; sie verstuhnden unter diesem namen, den ammann
, von

1528. von Weissenflüh, den venner Brugger, und andre, die der Obrigkeit getreu verbleiben wollten, und welche sie damit zu zwingen verhofften, eine andre parthey zu ergreiffen.

Auf angesezten tag kamen bey 30. Unterwaldner gen Hasli zu der Meß und landsgemeinde, auch etliche von Brienz, sonsten aber keine von der stadt Bern übrigen unterthanen, wie die aufrührischen dem anscheine nach verhoffet hatten. Sie fanden auch unter den Haslithalern selbst viel minder anhang, als sie geglaubt, so daß sie sich zu schwach befanden, etwas wichtiges auszuführen; hingegen schikten die vor die Obrigkeit wohlgesinnten ihren ammann von Weissenflüh und Thomas Haller, zween redliche männer, gen Bern, um wegen dem, was vorgegangen, bericht abzustatten, und hülfe und beystand wider die andre parthey zu begehren; welche, durch die vor sie übel abgelauffene landsgemeinde erschrekt, baten, bey der Obrigkeit auch vor sie ein günstiges wort darzuthun. Ein gleiches trugen sie auch den vennern von Unterseen, Urser und Stähli auf, sie wollten sich aber keineswegs ihrer sache beladen; deßwegen schikten sie ihre eigenen botten gen Bern. Nachdem man nun sowohl ihres als der getreuen unterthanen anbringen verhört, wurde eine rathsbottschaft erkennt, die zuerst vor den unterwal-

terwaldischen landsgemeinden ob und nit dem 1528.
Wald erscheinen, und von da sich ins Hasli-
land verfügen sollte. Diese rathsbottschaft bestuhnd aus dem schultheiß von Erlach, und
Peter von Werth, des kleinen, denne Leonhard Hüpsche, Leonhard Willading und Jakob Tribolet, des grossen raths.

Sie richtete aber bey den eingenommenen
gemüthern wenig aus, und der geist der aufruhr griff wie ein waldwasser noch weiter um
sich; das landvolk zu Interlaken, Frutigen,
Aesche und andrer orten, fieng auch wieder
an störrig zu werden; die gemeldte bottschaft
von Bern verfügte sich zwar an diese örter,
schaffte aber nichts, und keine waren unbe-
scheidner als die aus dem Grindelwalde. Sie
halfen den Interlakerbauern den nützlichen fisch-
fang zu Unterseen unter der schwelle der Aare
verderben; es wurden auch an offener gemeinde
zu Interlaken dem probst und den ordensleuten vorgerükt, daß sie das kloster der stadt
Bern samt seinen zugehörden übergeben; der
landvogt Leonhard Hüpsche mußte erscheinen,
und ihren klagen abwarten. Weiters sezten
sie zween von ihren anführern, den Hans
vom Ort zum landsvenner, und den Bartlome Gorner zum freyammen ein.

Die Berner erbotten sich noch einmal, sowohl

1528. wohl gegen die Interlakerbauern, als gegen
die Haslithaler, die waltenden streitigkeiten
vor den erwählten richtern aus den städten
und landschaften den 26. september zu Thun
entscheiden zu lassen. Als aber innert 14. tagen keine antwort darauf erfolgte, und die
gütigen mittel nichts ausrichteten, liessen sie
ihren angehörigen den verlauf des ganzen geschäfts zu wissen thun, rüsteten sich zum krieg,
und legten eine besazung mit kriegsmunition
in ihr schloß zu Thun.

Es waren aber der stadt Bern angehörige
in diesem geschäfte nicht gleich gesinnet, die
meisten erbotten sich zwar, mit leib und gut
ihr behülflich zu seyn; andern aber schien diese
sache ziemlich gleichgültig.    Das landgericht
Sternenberg wollte wegen der Messe mit den
Oberländern nicht schlagen ; Obersiebenthal
begehrte recht zu schirmen, und ihres landes
zu hüten; Frutingen, Aesche und Spiez sagten, sie können nicht wider ihre nachbarn seyn,
man solle nichts neues anfangen, und, weil
das ganze land partheyisch sey, solle man
durch die sieben alten Orte der Eydgnoßschaft
darüber absprechen lassen, sie ihres theils wollen alsdenn diesen ausspruch helfen handhaben.

Diese der Oberländer gegebene antwort war
bereits hievor bey den aufrührern auf einer
den

den 22. weinmonat gehaltener konferenz zu In- 1528.
terlaken verabredet worden , daselbst hatten
sich die Gottshausleute samt denen von Hasli , Obersiebenthal , Aesche , Frutigen und
Kratigen vereinbaret , und an die Heiligen
zusammen geschworen , vom alten Glauben ,
wenn sie nicht mit gewalt oder rechtlich dazu
gezwungen würden , keineswegs abzustehen ;
keine andre richter aber als die sieben alten
Cantone anzunehmen , jedoch indessen ihren
herren die alten pflichten abzustatten ; keinen
gewalt zu gebrauchen , dieser sachen wegen niemand strafen zu lassen , das kloster Interlaken
mit seiner zugehörd bis auf geschehenen ausspruch inzuhaben , und die ämter zu besezen.
Hierauf erwählten sie Welthi Schmidt zum klo-
stervogt , Peter Gorner zum landsvenner , und
Welthi Moser zum landweibel , befahlen der
landvögtin , mit ihrem hausgesinde wegzuzie-
hen , ( der landvogt hatte sich schon geflüchtet)
und legten wachten in Weissenau und an die
St. Battenstrasse.

Darauf schrieben sie nach Bern , wie daß
sie erkennt, die 7. Orte alleine als schiedsrichter anzunehmen ; wenn man den geringsten
unter ihnen beleidigen werde , wollen sie es ansehen , wie wenn man sie alle beleidiget hätte ;
die Obrigkeit solle den trägern dieses briefs die
antwort einhändigen , ob sie schirmherr seyn

II. Theil.　　　　B　　　　wolle

1528. wolle oder nicht, damit sie sich darnach zu verhalten wissen; ein jeder fleken werde von seinen privilegien, womit er an die stadt Bern
gekommen, nichts abgehen lassen, und über
die streitigen punkten sollen die vorgeschlagenen
schiedsrichter urtheilen.

Es verbarg sich in diesen mißlichen umständen der schultheiß von Underseen, und über-
ließ dem wohlgesinnten venner Bartlome Rott
die amtsgeschäfte; die gehorsamen unterthanen
aber wichen gen Oberhofen, und stellten sich
hernach zu der schützenfahne von Bern.

Es verfügten sich indessen botten von Thun,
vom landgericht Seftigen und von beyden
Siebenthalen zu den aufrührern gen Interlaken, und bewegten sie nach langem dahin, von
28. mann von stadt und land, und einem obmann von Thun einen ausspruch zu erwarten,
mit vorbehalt ihrer freyheiten, und vor ein
anders gericht (als zum exempel vor die 7. Orte) appellieren zu können.    Diese bewilligung
schikten sie unter ihrem landsiegel des tags gen
Bern, da allbereit die Unterwaldner in der
nacht zuvor ihnen zu hülf aufgebrochen, es ware ihnen auch kein rechter ernst dabey; doch
befanden sich von den Gottshausleuten noch etwa 100, und darunter der ammann Schmidt
und Peter Urfer im Boden gut geneigt; zu
Unspun-

Unspunnen waren der statthalter Opliger und 1528.
die ganze gemeind, auch die ganze burgerschaft
von Unterseen ihren Oberen getreu geblieben;
leztere schwebten allzeit in gefahr wegen der un-
ruhigen nachbarschaft, wurden aber alle insgesamt von den redlichen Niedersiebenthalern
tröstlich unterstüzt.

Als man von seiten von Bern die mittel der
freundlichkeit vergeblich angewandt, rüstete man
sich endlich zum krieg; es wurden rathsgesandte
an die unterthanen abgeschikt, und der venner Niklaus Manuel, ein kunstreicher mahler
und beredter junger mann, gen Thun zur aufsicht verordnet, auch rufte man alle Eyd- und
Bundsgenossen um hülfe.

Die Zürcher erbotten sich sogleich, mit leib
und gut den Bernern beyzuspringen; Luzern,
Basel, Freyburg und Solothurn hätten gerne zwischen der Obrigkeit und den unterthanen friede gemacht, und meynten es gut. Andere Cantone sahen dem spiel zu; Biel, Neuenburg, Valendis, Lausanne und Petterlingen
begegneten mit thätlicher hülfe.

Das panner von Bern zog erst aus, als
die von Unterwalden allbereit mit ungefehr
800. mann zu Brienz angelangt waren; die
schüzenfahne war mit einer geringen anzahl
volks unter dem hauptmann Anthoni Bischoff,

B 2　　　　　　　ein

1528. ein mezger seines handwerks, gen Thun vor-
ausgegangen ; sein fändrich war Sulpitius
Haller, und Jakob Wagner gieng als kriegs-
rath mit, das panner folgte erst in 3. tagen
hernach, dieses soll vorher noch nie wiederfahren seyn. Man gab dem venner von mezgern,
der es trug, die schuld, und der wenigen lust,
die man überhaupt hatte, die unterthanen mit
gewalt der waffen zum gehorsam zu bringen.

In allem hinaufziehen lief die nachricht ein,
daß die aufrührer bewilliget, vor einer anzahl
unterthanen und einem obmann von Thun als
schiedsrichtern zu erscheinen, und daß die Unterwaldner den beyden landsvennern von Ober-
und Niedersiebenthal im frieden zu handlen,
aufgetragen; weil man ihnen aber nicht mehr
trauete, zogen die Berner weiters, und die
unterhandlung kam nicht zu stand.

Inwährend der zeit, daß die schüzenfahne
zu Thun des nachts ankam , führte der land-
schreiber von Hasli, Heinrich von Planalp,
der aufrührer feldhauptmann, die beyden panner von Unterwalden und Hasli gen Interlaken und Unterseen, verließ aber lezteres ort,
und räumte es der schüzenfahne von Bern,
kraft eines vergleichs und einer art von waffenstillstand, der bis zu beylegung dieser gefährlichen zweytracht zwischen der Obrigkeit und
den

den unterthanen, von den gesandten von Lu-  1528.
zern und Basel, von beyden vennern von Ober-
und Niederstebenthal und dem kastlan von Sanen endlich ausgewirkt worden.

Zu Unterseen wurde die schüzenfahne durch
die fahne von Thun und Niedersiebenthal, und
tags darauf durch die Emmenthaler verstärkt,
welche anwachsende obermacht der Berner die
feinde bewog, sich nach Brienz zurützuziehen.
Auf das gerücht, daß sie bey ihrem abzug das
kloster geplündert, begehrte der hauptmann Bischoff den schaden zu rächen, und den feinden
nachzugehen, wurde aber von den schiedsleu-
ten daran gehindert;  da eileten Jakob Wagner und Hans Frisching mit nicht mehr als
12. mann dem kloster zu, mahneten aber die
übrigen, ihnen nachzufolgen. Die noch zurüt-
gebliebenen wenigen Unterwaldner hielten ihnen nicht stand, sondern nahmen über die obere aarbruk die flucht.

Hierauf legten die Berner die fahnen von
Thun und Trachselwald in das kloster, stellten
bis an die obere bruk ihre wachten aus, und
hielten zu Bern um erlaubnis an, den feind
weiters in die enge zu treiben; man hoffte aber
noch immer, mit unterhandlungen die aufrührer zum gehorsam zu bringen, und befahl also
dem kriegsheer, im lager zu bleiben.

B 3                    Als

1528. Als der schultheiß von Erlach mit dem panner auch angekommen, ließ man selbiges im
kloster, die mannschaft aber wurde in alle der
aufrührer dörfer, und sonderlich in das thal
Grindelwald abgetheilt; der vornehmsten ur-
heber dieses aufstands ihre häuser plünderte man
aus, ihr vieh, haab und gut wurde der Obrigkeit zuerkannt, hernach aber vieles davon der
rebellen weibern und kindern aus mitleiden zurükgegeben. Auf den 4. wintermonat berufte
man die aufrührer, insgesamt vor dem kloster
unter freyem himmel auf gnade und ungnade zu
erscheinen. Als sie sich nun einbefunden, stellte
sich das bernerische heer in schlachtordnung,
brannte das kleine und grobe geschüz los, machte darauf einen kreis, und faßte die klosterleute
und Haslithaler in die mitte; darauf lobte der
schultheiß von Erlach die gehorsam gebliebenen, die er den aufrührern zur rechten gestellt,
hielte hierauf den andern ihre begangnen fehler
ernstlich vor, und nachdem sie in 12. vorgele-
sene artikel gewilliget, wurden sie beeidiget,
und zu gnaden angenommen; auf künftige be-
stellung der ämter und gerichten hin, verordneten indessen die kriegsräthe den Gottshausleuten, Jakob Wagner, und den Haslithalern,
Burkhard Schüz zu landvögten, und nahmen
ihnen ihre panner, fahnen, landsiegel und briefe zu handen der stadt Bern.

Denen

Denen von Frutigen und ihren mithaften 1528. wurde auch ihr ungehorsam vorgehalten, dem fahnentrager Sparro, des venners Sparro sohn, die fahne aus der hand genommen, und dem Hans Ritter, der hernach landsvenner worden, anbefohlen zu tragen. Es erschien eine bottschaft von stadt und land vor dem versamelten landvolk zu Golzweil, da mußten sie schriftlich unter ihrem landssiegel versprechen: kunftig den obrigkeitlichen mandaten zu gehorsamen, und etwas an den verursachten kriegskösten zu bezahlen.

Als nun die landleute des Obersiebenthals, und die von Spiez, sich auch unterworfen, wurde die ruhe wiederum hergestellt.

Da nun alles gestillet war, hielte der schultheiß von Erlach den soldaten, sonderlich denen von Biel, Neuenburg, Valendis, Lausanne und Pätterlingen einen freundlichen abdank. Und da das panner zu Bern wiederum angelangt, erschienen vor Rath, in meynung, zwischen der Obrigkeit und den unterthanen zu mittlen, die gesandten von Ury, Schweiz, Zug und Wallis, von dem bischoff zu Basel, von der Regierung zu Ensisheim, und von den städten Luzern, Basel, Schaffhausen, Freyburg im Uechtland, Strasburg, Constanz, St. Gallen und Rothweil; denen von Luzern, Ury,

B 4           Schweiz,

1528. Schweiz, Zug und Wallis, die der Unterwaldner aufführung zu entschuldigen suchten,
wurde kurz, jedoch freundlich geantwortet; und
denen von Freyburg, mit erklärung des burgerrechts, bescheidenlich vorgehalten, daß sie in
der stadt Bern nöthen ihr keine hülfe bezeigt.

Bald hernach wurden den Haslithalern ihre
panner und ihre freyheiten wieder zugestellt;
doch behielt sich die Obrigkeit vor, ihnen nach
wohlgefallen einen landammann aus den burgern von Bern, oder einen von Hasli zu geben, auch den landsvenner und die landsfünf-
zehner zu erwählen; also wurde der interims-
landammann Schüz heimberufen, und anstatt
desselben, Augustin von Weissenflüh, zum venner aber Hans Brugger bestellt. Die Gottshausleute von Interlaken bekamen auch ihre
panner und etliche freyheiten wieder, das landssiegel aber wurde ihnen erst im jahr 1614. auf
vorbitte ihres damaligen landvogts, Hierony-
mi Stettlers, zurükgegeben.

Ausgang des Aufstands im Oberlande.  Doch wurden nicht alle aufrührer insgesamt
begnadiget, viere von den anstiftern richtete
man mit dem schwerdt, und etliche kamen nicht
mehr wieder ins land.

Schon zu anfang des jahrs 1528. hatten
die städte Zürich und Bern mit der stadt Constanz ein verständniß und burgerrecht aufgerichtet,

tet, darüber beklagten sich die kayserlichen ge- 1528.
sandten auf einer Tagsazung zu Luzern; man
antwortete ihnen darauf: dieses misfalle selber
den meisten Orten der Eidgnoßschaft, man
werde die beyden städte von diesem burgerrechte abzumahmen trachten; es geschahe auch würklich, aber umsonst.

Zürich und Bern traten auch in ein burgerrecht mit der stadt St. Gallen, und Bern besonders mit der stadt Bysanz, auch erneuerte
Franciscus de Prie sein mit den Bernern ge-
habtes burgerrecht.

Der stadt Zoffingen hatten die stiftsherren **Stift**
anerbotten, wenn sie ihnen lebenslänglich den **Zoffingen**
genuß der stift lassen wolle, so wollen sie ihr
dieselbe eigenthümlich zustellen; und als dieser
antrag abgewiesen worden, haben sie sich bey
dem Landesherrn angemeldet, der selbigen willig angenommen. Die stadt Zoffingen aber
einigermassen dieses verlustes zu trösten, schenk-
ten ihr die Berner 100. malter jährlicher gül-
te, so der stift zugehört, um solche halb den
armen auszutheilen, und halb an ihre stadt-
gebäude zu verwenden.

Zu Bern wurde auch ein neues allmosen
zu gunsten der armen, und zu erhaltung der
armen studierenden, die kein vermögen hatten,
aufgerichtet. Dieses allmosen bestuhnde aus ei-

B 5 ner

1528. ner täglichen austheilung von mus und brodt;
sowohl die Obrigkeit als privatpersonen steuer-
ten dazu.

Den kranken vom niedern spithal, der ganz
baufällig war, räumte man das predigerklo-
ster ein, und begabte dieses neue krankenhaus
mit den gefällen, reben und gütern auf der
insel im Nydauersee. Hierauf wurde der alte
spithal geschliffen, und der plaz dem venner von
Weingarten verkauft, der daselbst einen lust-
garten angelegt, und den oberen theil davon
zu einem begräbnisplaz eingeraumt. Weilen
auch die elende herberg an der brunngaß, und
der seilerin spithal baufällig waren, wurden
des leztern einkünfte zu dem spithal, der elenden
herberge ihre aber zur insel zu erhaltung der
armen gelegt. Auf dem lande wurden auch
aus den meisten klöstern spithäler gemacht. Dieses muß man der Obrigkeit von Bern zum ruh-
me melden, daß sie jederzeit recht großmüthig
und landsväterlich in dergleichen stiftungen sich
erzeigt.

Die stadt Bern hatte hievor die herrschaft Signau um einen sehr geringen preis hingegeben,
nunmehr kaufte sie selbige von Ludwig von
Diesbach wieder, um zehen tausend kronen, und
collocierten den schuldner auf die summe, die
der Stand von der krone Frankreich zu fordern
hatte

hatte. Signau wurde hernach zu Rötenbach 1528.
geschlagen, und ein landvogt über beyde zusammen bestellt.

Im jahr 1529. wurde die Meß zu Basel, 1529.
zu Wesen am Wallenstädtersee, zu Bremgarten und zu Mellingen abgeschafft. Zu Basel
entstuhnden ziemliche unruhen darüber, und Wachs-
wurden deswegen 3. gesandte, als: Lienhardt thum der
Hüpsche, Niklaus Manuel und Lienhardt Wil-mation.
lading von Bern aus dahin geschikt.

Die ordensbrüder zu Wettingen verliessen
auch ihren orden. Die stadt Baaden aber blieb
katholisch, obwohlen die städte Zürich und
Bern sie zu einer glaubensänderung zu bewegen getrachtet. Schaffhausen wurde reformiert; zu Rothweil fiel das mehr der stimmen zu gunsten der Katholischen aus, man behielte die Meß, und bey 400. personen wurden aus der stadt vertrieben, die den evangelischen glauben nicht verleugnen wollten.

Nach Solothurn wurden auch unter dreyen
malen, wegen dem Religionsgeschäfte, berneri- Unruh
sche gesandte geschikt: das erste mal giengen zu Solo-
Bernhard Tillmann, Niklaus Manuel, Peter thurn.
Stürler und Sulpitius Haller; man konnte
kaum verwehren, daß nicht beyde partheyen
die waffen gegen einander ergriffen hätten.

Die

1529.

Gesandt-
schaft
nach
Freyburg
und So-
lothurn.

Die gute nachbarschaft zwischen Bern und Unterwalden war seit der von lezterm Can-
tone den aufrührern von Hasli geleisteten hülfe noch nicht hergestellt, die katholischen Orte waren den Unterwaldnern wegen gleichförmig-
keit des glaubens geneigt; und weil man noch immer von dieser seite ein ungewitter beförch-
tete, so schikten die Berner gesandte nach Frey-
burg und Solothurn, um eine deutliche antwort zu begehren, ob allenfalls die beyden städte den burgerrechten gemäs der stadt Bern wollen behülflich seyn oder nicht. Die deputierten gen Freyburg waren: Niklaus von Graf-
fenried und Bernhard Tillmann, des kleinen; Anthoni Bischoff und Andreas Zülli, des grossen Raths; die gen Solothurn aber: der raths-
herr Manuel und der rathsherr im Hag, Hans Rudolf von Erlach und Thüring Ybach, von den Burgern. Die antwort beyder städte lautete ungefehr gleich: Sie seyen gesinnet, als getreue mitburger ihre pflichten gegen die stadt Bern zu erfüllen, betten aber selbige, sich fried-
lich mit Unterwalden zu vertragen.

Bund
der katho-
lischen
Orten
mit Kö-
nig Fer-
dinand.

Indessen wurden die zeitumstände von tag zu tag bedenklicher, die Cantone Luzern, Uri, Schweiz, Unterwalden und Zug machten mit dem Römischen könig und herzog von Oesterreich, Ferdinand I. einen bund, welcher wider die evangelischen Orte abgerichtet schien. Die-
weilen

weilen andrerseits die städte Zürich und Bern, 1529. ohne zuvor empfangener genugthüung, mit den Unterwaldnern den Tagsazungen nicht mehr beywohnen wollten.

Endlich wurde durch die gesandten von Basel, Schaffhausen, Appenzell und aus dem Bündnerland folgender vergleich gemacht. Es mußten die Unterwaldner sich erklären, daß sie die Berner vor fromme, wahrhafte, ehrliche und redliche Eydgenossen hielten; diejenigen von ihnen, welche ohne ergangenes mehr an der landsgemeind, den Haslithalern zugeloffen, ihren fehler erkennen, die abgewichenen aufrührer von Hasli und Interlaken in Unterwalden nicht mehr gedultet werden; hingegen sollte Bern den Unterwaldnern die geforderten kriegskösten nachlassen.

Es trugen zu annehmung dieses vergleichs die gesandten von Glaris, Freyburg und Solothurn nicht wenig bey; die Zürcher aber waren mit dieser handlung übel zufrieden, und meynten, man hätte eine stärkere genugthüung fordern sollen, mußten es aber jedoch geschehen lassen.

Das Ferdinandische bündniß der 5. Orte, Luzern, Ury, Schweiz, Unterwalden und Zug hatte indessen ein solches Aufsehen gemacht, daß die übrigen Cantone beschlossen, ihnen eine bottschaft

1529. schaft zu schifen, und sie zu bitten, den eyd-
gnößischen bund und die wohlfarth des lieben
vaterlands zu betrachten, und von dergleichen
besondern bündnissen mit fremden fürsten abzustehen.

**Bott-schaft der katholi-schen Or-te kommt nach Bern.** Bevor aber diese bottschaft abgefertiget wurde, kam eine andere von Luzern, Ury, Schweiz
und Zug, mit einem gewaltsbriefe von Unterwalden nach Bern, und klagte: es sey gewiß,
daß die Zürcher geschüz gen Tallweil und Mä-
nidorf verlegt, alle schiffe auf dem see zugerüstet,
allen ihren amtleuten erbieten lassen, in erwartung eines landsturms, mit harnisch und ge-
wehren verfaßt zu seyn, und unanständige droh-
worte wider die 5. gemeldten Orte ausgestossen,
deßwegen sollten sich ihre lieben Eydgenossen
von Bern erklären, ob sie die bünde zu halten
gesinnet seyen, und ob sie sich, im fall eines feindlichen angriffs von seiten der stadt Zürich, ihrer
hülfe zu getrösten hätten, darüber sollen sie ihnen eine schriftliche versicherung zustellen. Dieser antrag wurde mit einem freundlichen com-
pliment beantwortet: Es werde die stadt Bern
sich lassen angelegen seyn, zu verhelfen, daß
fürderlich eine gute allgemeine eintracht zwischen
gesamten Eydgenossen gestiftet werde.

Es richtete aber die vorher gemeldte bottschaft
der übrigen Cantone in den 4. Waldstädten und

zu

zu Luzern wenig aus, sondern trafen überall 1529.
wenig neigung an zu einem freundlichen vergleich. Da man nun einen einheimischen krieg
befürchten mußte, so schlugen sich die Cantone
Glaris, Basel, Freyburg, Solothurn, Schaffhausen und Appenzell ernstlich ins mittel, und
vermahnten die städte Zürich und Bern, dem
zwischen Bern und Unterwalden abgeredten
frieden nachzuleben. Bern weigerte sich nicht,
Zürich aber wollte ohne beyfügung eines arti-
kels, die freye Religionsübung betreffend, darein nicht willigen, also, daß keine rechte aus-
söhnung konnte gestiftet werden.

Hingegen nahm die verbitterung der gemü- Anschein
ther täglich überhand, und endlich brachen die zu einem innerli-
feindseligkeiten aus; die Cantone Zürich und chen
Bern wollten den neuen landvogt Abacher von krieg.
Unterwalden, zu Baaden sein amt nicht an-
tretten lassen; die übrigen Waldstädte aber ließen sich vermerken, daß sie eher mit gewaffne-
ter hand selbigen einsezen werden, als dieses
unbill von seiten der Zürcher und Berner zu
dulden. Dieses veranlaßte die vier reformierten städte, eine versammlung ihrer deputierten
zu Aarau zu halten, auf welcher die Zürcher
zum krieg, die Berner aber zum frieden lust
bezeigten. Die erstern fiengen auch gleich dar- Die
auf die feindseligkeiten an, und schikten ihre Feindse-
rathsbotten mit 200. mann in die freyen Aem- ligkeiten
fangen
ter, an.

1529. ter, die den neuen amtmann von Unterwalden dorten so wenig als den Abacher zu Baaden wollen besiz nehmen lassen. Die amtsan-
gehörige selber, als welche den evangelischen
Glauben angenommen, hatten die Zürcher um
diese hülfe angesprochen. Diese 200. mann bemächtigten sich des klosters Muri; damit begnügten sich die Zürcher nicht, sondern verordneten noch 500. mann mit der stadtfahne gen
Bremgarten. Sie wurden zwar von den gesandten von Glaris, Basel, Solothurn und
Schaffhausen ernstlich von ihrem vorhaben abgemahnt; man stellte ihnen vor: es hätten ja
die 5. Orte das recht angebotten; es war aber
alles umsonst, man gabe den gesandten zur
antwort: es hätten die 5. Waldstädte ihrerseits Rappersweil auch mit volk besezt, und
an etlichen orten hülfe begehrt; die stadt Zürich habe lange genug allerhand beleidigungen
und schmähworte erdulden müssen, deßwegen
sprächen sie ihre bundsgenossen nunmehr um
hülfe und zuzug an. Der Zürcher hauptmann
war Georg Berger, und er hatte 4000. mann
mit der stadt panner unter sich.

Daneben schikten sie noch 3. fahnen aus,
die erste, in das Gastal einzubrechen; die andere, gegen Einsiedlen anzurufen; und die dritte, das Thurgäu zu besezen. Die Berner waren zwar über die übereilung der stadt Zürich
sehr

sehr unzufrieden, konnten sie aber in ihren 1529.
nöthen unmöglich stekeu lassen, und zogen ihnen deswegen zu hülfe. Der erste auszug bestuhnd aus 6000. mann, der Oberhaupt-
mann war Sebastian von Diesbach, der Unterhauptmann Caspar von Müllinen. Der
zweyte war 4000. mann stark; deren anführer war Hans von Erlach, Altschultheiß, und
hatte zum Unterhauptmann Bernhard Tillmann.

Indessen wurde das Zürcherische Corpo zu
Mury mit einer fahne Freywilliger, an der
zahl 300. mann, unter dem Hauptmann
Göldli verstärkt, und dazu kamen noch 110.
mann aus der Burgerschaft von Bremgarten; als aber die Luzerner heranrukten, kehrten leztere wieder in ihre Stadt, und die Zürcher bekamen befehl aufzubrechen, und mit
dem Gewaltshauffe sich zu vereinbahren, der
mit dem Panner zu Cappel stuhnd.

Die Berner hatten nebst den zween obbemeld-
ten haufen eine fahne, darunter meistens Em-
methaler waren, unter dem Vogt Näber, in
das Truberthal, und eine andere, darunter
fast alles Oberländer, auch etliche von Murten und Grasburg sich befanden, gen Brienz
verlegt, welche die grenzen gegen Luzern und
Unterwalden verwahren sollten. Am leztern

II. Theil.                  C                        orte

1529. orte zog Jakob von Wattenweils sein Unterhauptmann, Jakob Wagner, einen grenzstab,
den die Unterwalder über die rechte marchen
gesezt, wieder aus, und sezte selbigen in angesicht der feindlichen wachten und des Landammann Halters, ungehindert an seinen gehörigen ort. Die Unterwalder hätten lieber die
sache im frieden beygelegt, und versicherten: das
Ferdinandische bündniß seye so beschaffen, daß
es keinen der übrigen Eydgenossen, so darinnen
nicht begriffen wären, das geringste schaden
könne.

Es war der erste bernerische Gewalshauffe,
welchen Sebastian von Diesbach commandierte, von Lenzburg aufgebrochen, und zog
mit 27. der Stadt Bern ihren ämtern, zeichen und fahnen, und mit einem schönen geschüz, auf Bremgarten los. Das panner trug
Niklaus Manuel, Venner zu Gerweren; nachdem man 6. tage, bis auf den 24sten junius
dorten verweilet, hörte man von ferene ein
getös des groben geschüzes, und die Berner wollten in aller eil den Zürchern zu
hülfe ziehen, in meynung: sie würden mit
den Waldstädtern ins handgemenge gekommen
seyn; als aber die nachricht eingelauffen, daß
es freudenschüsse, wegen dem angenommenen
Frieden gewesen, zogen sie sich des nächsten
tags zurük, und stellten die an die gränzen
postierte wachten wiederum ab. Es

Es war dieser Friede durch vermittlung 1529.
der Städten Strasburg, Constanz, Freyburg,
Solothurn, Schafhausen, Rothweil und der
Landschaften Sargans, Glaris und Appenzell, wie auch der 3. Bünden geschlossen worden. Bernerischer seits hatten Niklaus Manuel, und Peter im Hag des kleinen, denne
Anthoni Bischof, und Lienhard Tremp, des
grossen Raths, selbigem beygewohnet. Der inhalt der Friedenspunkten war die freye Religionsübung in den gemeinen Vogteyen, die
aufhebung des Ferdinandischen Bundes, und
eine vorschrift, wie man sich künftig in allgemeinen Policey-und Standssachen in der Eydgenossenschaft verhalten solle.

Es war ein desto grösseres glük, daß dieser krieg hatte können geendet werden, dieweil
andere städte, länder und fürsten daran antheil genommen; den reformierten waren die
Städte Basel, St. Gallen, Mülhausen und
Biel zugezogen, und die katholischen hatten
würklich 1500. Walliser bey sich, und hof-
ten noch dazu auf eine namhafte hülfe von
seiten Oesterreich.

Aber dieser erste Landfriede war von keiner
langen dauer, die Waldstädter liessen sich bald
wieder durch die Geistlichen und fremde Potentaten aufstiften, und man hielte sehr schlecht
C 2                          das

1529. das mandat, welches aus befehl der 13. Orten unter dem siegel Anthoni Adachers, Landvogts zu Baden publiciert wurde, darinnen zu pflanzung der ruhe und einigkeit, alle schmähworte und üble nachreden bey hoher strafe verbotten worden.

**Streit zwischen Savoy und Genf.**

Kaum war diese kriegerische unruh vor eine zeit gestillet, so wurde die stadt Bern von den Genfern um hülfe angesprochen, gegen welche der Herzog seine zurüstungen machte. Es zogen auch etliche freywillige nach Genf, die aber von ihrer Obrigkeit befehl bekamen: sich nicht zu der Stadt hinaus zu wagen. Um diese gleiche zeit ungefehr, hat die Marggräfin Johanna von Hochberg die Eydgenossen vor die Restitution ihrer Graffschaft Neueburg, welches sie endlich durch beförderung der Berner erhielte; und sie sezte Georgen von Riva, Herrn von Prangin und burger zu Bern, zum Gubernator dahin.

Dem Herzogen von Savoyen wurde von seiten der Stadt Bern der bundsbrief, weilen er desselbigen inhalt so schlecht nachgelebt, cancelliert herausgegeben:

**Gunst denen von Unterseen bezeigt.**

Die von Unterseen hatten bisdahin einen zipfel an ihrem panner gehabt, welches zu den vorigen zeiten ein schmachzeichen war, wenn sich eine Landschaft in einer schlacht übel

übel verhalten hatte, dieser zipfel wurde ih- **1529.**
nen damals, wegen ihrer im Oberländichen
kriege bewiesenen treue, nachgelassen; und sie
wurden noch dazu mit einer bergsömmerung
vor etwa hundert stük vieh begabt.

Valerius Anshelm bekam in diesem jahre be- Valerius
fehl, die bernerischen Geschichten fortzusezen; Anshelm.
und erhielte dafür eine anständige pension.

Zu Solothurn war die burgerschaft wegen
dem sogenannten alten und neuen glauben, in
einer ziemlichen combustion, wie man aus zween
briefen schliessen kan, von Berchtold Haller,
der sich eine zeitlang dorten aufgehalten.

Die Berner und Freyburger, bekamen damals Streit
streit mit einander, wegen den Herrschaften wegen
Grasburg und Guggisberg, welche zwar bey burg
den Cantonen gemeinsämlich zugehörten, daran und Gug-
aber gleichwohl die Berner mehr rechtsame gisberg.
besassen, doch konnte dieser streit noch gütlich
beygelegt werden.

Indessen nahm die Reformation innert Fort-
eydgenößischen gränzen mächtig überhand. In gang der
der Landgraffschaft Thurgöw wurde die meß an tion.
vielen orten abgeschaft, die Schwarzenburger,
die Stadt Murten und die einwohner im Mi-
stelach schlugen sich zur evangelischen parthey.
Zu Neuenburg behielte selbige die oberhand, auch

C 3                        zu

1529. zu Neuenstadt wurde die meß mit 24. stimmen abgemehrt.

Die Abtey St. Gallen wird ledig, dieses giebt anlaß zum krieg zwischen den Cantonen.

Als die Abtey St. Gallen ledig geworden, wollten die Zürcher und Glarner als schirm-herren, die ordensleute inn kloster nicht länger dulden, sie haben denn zuvor bewiesen, daß ihre religions- und ordensgebräuche, in Got-tes Wort gegründet seyen, worein sie sich gar nichts zu mischen hatten. Diese gewaltthätige aufführung entrüstete nicht wenig die fünf Wald-städte, und sonderlich die von Luzern und Schweiz, die auch schirmherren des klosters waren. Die Zürcher aber giengen noch weiters, verkauften daß kloster der Stadt St. Gallen, wie wenn sie eigenmächtig darüber zu gebieten hätten, und ertheilten den Toggenburgern und ihren Gottshausleuten, mit gewissen angehäng-ten bedingen, ihre freyheit.

Eh wir aber dieses bedenkliche geschäft mit seinen fatalen folgerungen verhandeln, müssen wir in das westliche Schweizerland zurük-kehren, und melden: wie der sogenannte Löf-felbund entstanden, und was damit beget-net ist.

Ursprung des Löffel-bundes.

Der Savoyische adel machte mit der geneml-gung des Herzogen, wie es allen anschein hat-te, einen bund wider die Stadt Genf; und die verschwornen trugen zum zeichen einen Löf-fel

fel auf dem hut; sie versammelten in Burgund, 1529.
und daherum an den gränzen, eine schöne reu=
terey und viel fußvolk. Das heer wurde bis auf
10000. mann geschäzt; damit berenneten sie
die Stadt Genf 8. tage lang, und stekten zwo
vorstädte in brand. Die Stadt Bern schikte
5000. mann unter dem Altschultheiß Hans
von Erlach, und die Freyburger 1500. mann,
unter Ulrich Schneuli, den bedrängten bunds=
genossen und mitbürgern zu hülf. Der Her=
zog stellte sich, als wenn seine edelleute ohne
sein vorwissen noch bewilligung dieses gethan.
Endlich wurde durch vermittlung etlicher eydge=
nößischer orten, zu ende des oktob. 1530. zu St.
Julian, zwischen beyden partheyen ein vertrag
aufgerichtet. Der merkwürdigste Artikel war:
daß, wenn es sich zutragen würde, daß auch
ausserhalb des Herzogen seinem Gebiete, seine
unterthanen den Genfern, oder ihren gütern
schaden zufügen würden, und der Herzog sel=
bige nicht genugsam abstraffen würde, so soll=
ten alsdann die Städte Bern und Freyburg
begwältiget seyn, die Landschaft Waat, so wie
er selbige gegenwärtig besize, einzunehmen und
eigenthümlich zu behalten. Der Löffelbund
aber hatte ein ende, und der tractat wurde
mit folgenden siegeln verwahrt: Mit des Sa=
vonischen bevollmächtigten Grafen von Cha=
lant, Hansen von Erlach, Ulrich Schneulins

C 4 von

1529. von Freyburg, Thomas Schmiden von Solothurn, Hans Blülers von Zürich, Moritz vou Mettenweil von Luzern, Josua Berolbingers von Ury, und Joseph Amberg von Schweiz.

Die Solothurner merkten ohne groſſe mühe, was aus dieſem vertrage erfolgen könnte: und damit ſie des bevorſtehenden glüks auch theilhaber werden möchten, begehrten ſie, daß beyde Städte, Bern und Freyburg, ſie gleicherweiſe in den tractat von St. Julian einſchlieſſen möchten; die Berner aber wuſten dieſes begehren höflich abzuwenden.

Bern, Freyburg und Solothurn gelangen zur Caſtvogtey in Turgöw.

Noch in dieſem jahre bakamen die Städte Bern, Freyburg und Solothurn, nach öftern darüber auf den tugſazungen gethanen anzügen, endlich auch antheil mit übrigen orten an der Kaſtvogtey der klöſtern im Thurgöw.

Bern richtete um diese zeit, ſamt etlichen andern reformierten Städten in der Schweiz ein mitburgerrecht mit der Stadt Strasburg und dem Landgrafen von Heſſen auf.

Es wurde auch damals das burgerrecht zwiſchen Bern und Freyburg erneuert; und die Freyburger bewilligten, im eyd die anruffung der Heiligen, und im vorbehalt, den Papſt auszulaſſen.

Die

Die von Wiflisburg hatten in dem zug wider 1529.
den Löffelbund, des Bischofs von Losanne
korn den eydgenößischen soldaten ausgetheilt,
und dadurch seinen unwillen auf sich geladen,
deswegen hätten sie sich gerne in der Stadt
Bern schirm begeben; die Berner aber schlugen diesen antrag ab, versprachen aber: sie wollen trachten, sie mit dem Bischof wieder
auszusöhnen.

# Vierzehntes Buch.

## Inhalt des vierzehnten Buchs.

Anfang des Cappelerkriegs. Schlacht zu Cappel.
Ausgang des Krieges. Einfall ins Veltlyn.
Die Bündner bekommen Hülfe. Handel wegen Peter Wernly, von Freyburg. Gefähr-
liche Unruh zu Solothurn. Begehren des Herzogen von Savoy. Streit zwischen Savoy
und Genf, der die Erobrung der Waat veranlasset.

Dieses Buch geht von 1531. bis 1535.

**1531.**

**Anfang
des Cavel-
lerkriegs.**

Die Städte vom Schmalkaldischen Bunde
trachteten Zürich, Bern und Basel zu
bewegen, selbigem beyzutretten; allein dieses
hätte sie leichtlich in fremde kriege verwikeln
können, zu einer zeit, da sie einen feindlichen
besuch von ihren eignen bundsverwandten, den
5. Waldstädten zu besorgen hatten, die sonderlich über die Zürcher sich heftig beklagten;
die Berner mißbilligten selber der Zürcher aufführung, sonderlich in dem St. Gallischen
geschäfte, und machten ihnen vorstellungen darüber. Allein es war vergeblich, die gegenseitige

seitige verbitterung nahm durch diese hartnä= 1531.
kigkeit überhand; umsonst suchten die Glarner,
Freyburger, Solothurner, Appenzeller und
Bündner den frieden beyzubehalten, die Zür=
cher wollten gleich angreifen, liessen es endlich
aber nach dem rath ihrer treuen bundsgenos=
sen dabey bewenden, den 5. Waldstädten den
feilen kauf abzuschlagen, ein gleiches thaten die
gemeinen unterthanen von Bremgarten, Mel=
lingen, von Wegenthal, Thurgöw, Rhein=
thal, Wesen, Gastal, und die Gottshausleute
von St. Gallen, welche besser gethan hätten, in
dieser zerwürsniß ihrer schirmherren sich unpar=
theyisch aufzuführen. Ueber diese sperrung des
getreids beklagten sich die abgesandten der Wald=
städten unter zweyen malen, vor dem Rath
zu Bern, und stellten vor: wie diese aufsüh=
rung der Zürcher den Bünden grade zuwider
sey; konnten aber keine vergnügliche antwort
erhalten. Jedoch wehrten die Berner den
Zürchern noch immer, die ersten das schwert
aus der scheide zu ziehn. Der König in
Frankreich half auch zum frieden vermahnen.
Die 5. katholischen Orte wollten in keine be=
rathschlagungen eintretten, bis man ihnen den
freyen kauf wiederum geöfnet hätte. Die bey=
derseitigen schmachreden erhizten die gemüther
noch mehr, und nach vielen vergeblichen con=
ferenzen zu Bremgarten, Solothurn, Basel
und

1531. und Aarau, grif man zu den waffen. Die
Waldstädter, die lieber mit Zürich allein gefochten hätten, forderten ihnen ihre Bundsbriefe heraus; liessen sie aber den Bernern, in
hofnung selbige werden alsdenn stille sizen. Die
Stadt Bern aber, ob sie wohl über die Stadt
Zürich unwillig war, daß sie diesen verdrüßlichen Krieg veranlasset hatte, so gespührte sie
jedoch wohl, daß sie diese bundsgenoßin zu ihrer eigenen sicherheit in diesen nöthen keineswegs
verlassen konnte; und sobald sie um zuzug er-
mahnet wurde, rukte sie mit ihrem panner und
fahnen ins feld.

Indessen hatten sich bey 1200. mann aus
den Waldstädten zu Hochdorf versammelt, und
wären von da in die freyen Aemter gezogen;
die dortige mannschaft ließ ihre weiber und
kinder im stich, und zog, weil sie dem feinde
nicht wäre gewachsen gewesen, mit Hans Albrecht von Müllinen, Commenthüren, zu
Hizkirch, in die Stadt Bremgarten, in erwartung der hülfe von Zürich und Bern.

Die Zürcher schikten ihnen alsobald 1000.
mann zu hülf; und bernerischer seits ließ der
Landvogt von Lenzburg, Sulpitius Haller,
samt seinen zugegebenen Räthen, Wolfgang
von Weingarten, und Bendicht Schüz, einen
sturm im untern Aergöw ergehen, und brachte
drey

drey fahnen zusammen; die soldaten waren
ganz muthig und freudig, und hätten gerne
die katholischen mit hülfe der Zürcher und deren aus dem freyen Amt, die zu Bremgarten
lagen, ohne weitern befehl, und mehrere verstärkung zu erwarten, angegriffen. Die Zürcher aber liessen die Berner um eiligen zuzug
ermahnen, und leztere schikten ihren absag-
brief, und befahlen ihren Befehlshabern,
den marsch zu beschleunigen. Das panner
zog also aus mit 5000. mann, und pannerherr war Wolfgang von Weingarten, ober-
hauptmann aber Sebastian von Diesbach
alt Schultheiß, unterhauptmann Jakob von
Wattenweil. Die 5. Waldstädte aber griffen
die Zürcher zu Cappel an, ehe die Berner sich
mit ihnen vereiniget hatten, erhielten den sieg,
und fanden zu ihrer größten freude den Zwingli
unter den todten, an dessen leichnam sie eine
schändliche rache ausübten. Durch diese nider-
lage wurden zwar die Zürcher nicht wenig erschrekt, liessen aber doch den muth nicht gänzlich fallen, sondern versammelten ein frisches
heer, und zogen auf Bremgarten, um dorten
zu den Bernern zu stossen; leztere waren
indessen bis nach Vilmergen vorgerukt, und
wurden dorten durch 500. Basler und 600.
Solothurner, und 300. mann von Müllhausen und Biel verstärkt; auf die nachricht: daß

die

*Right margin notes:* 1531. Schlacht zu Capel.

1531. die Berner heranrukten, wichen die vorposten
der katholischen so eilend zurük, daß etliche ihre waffen fallen liessen. Die Berner aber marschierten nach Bremgarten, und dorten wurde ein sehr weislicher kriegesplan verfaßt, nur
schade, daß man selbigem nicht nachgelebt: Es
sollten nemlich die Zürcher jenseits, und die
Berner disseits der Reuß mit macht auf die
feinde anruken, und neben dem, zwey kleine
bernerische corpo, eins gegen den Brünig, das
andere gegen Willisau marschieren, um entweder eine diversion zu machen, oder dorten einen
einfall zu verwehren. Die katholischen aber,
die bisdaher zu Bar gelagert gewesen, zogen
sich an den Zugerberg zurük, und wurden dorten mit 1000. Wallisern und 400. Eschentha-
lern verstärkt, und verschanzten sich in ihrem
lager; die Berner postierten sich gegenüber
zu Bliggdorf und am Schönenberg, nicht weit
davon campierten die Zürcher, bey welchen
aber der mangel an geld, und der ungehorsam
gegen die hauptleute eingerissen; als man die
hofnung verlohren, die feinde aus ihrem vortheil zu loken, und es auch nicht rathsam ware, sie darinnen anzugreifen, riethen die Zürcher, den feinden hie und da in ihr land zu
fallen, und mit 5000. mann den paß an der
Silbrüke zu öfnen, dieweil die Bündner die
March angreiffen würden. Die Berner aber
und

und Solothurner wollten lieber beysammen, 1531.
und im angesicht ihrer feinde bleiben.　Diese
mißhelligkeit hatte verdrüßliche folgen:

Der Zürcher feldhauptmann hatte einen sehr
klugen anschlag abgefaßt, der aber nicht mit
behöriger vorsichtigkeit ausgeführt wurde, und
deswegen einen schlechten ausgang bekam: Er
wollte des nachts die katholischen in ihrem lager angreiffen, und alsdann den Bernern ein
zeichen geben, daß sie ihm zu hülfe kämen.
Die feinde wurden dieses vorhabens gewahr,
zogen aus ihrem lager und griffen die Zürcher
zwischen Egri und Menzingen selber an, da
sie unterwegs raubten, plünderten, und ihre
wachten nachläßig bestellt hatten. Diese geriethen sogleich in die flucht; viele, weil sie die
gelegenheit des orts nicht kannten, wurden aufgefangen, und 800. erschlagen, darunter der
feldhauptmann selber war.　Die aufführung
des bernerischen Feldobersten, und seiner zugegebenen räthen, ist getadelt worden, denn
man konnte das geschüz imwährend dem treffen
gar leicht hören, und daraus schliessen, wo-
rum es zu thun wäre.　Es wollten auch viele redliche soldaten zu hülfe eilen, und alsdenn hätte die sache einen ganz andern ausgang gewinnen können; anstatt dessen aber
blieb man unbeweglich stehn. Ein gleiches
haben hernach die Zürcher im jahr 1712.
bey

**1531.** bey anlas der schlacht bey Bilmergen gethan.
Zu Bern aber hatte man ein zweytes panner
mit 4000. mann unter dem alt Schultheiß
von Erlach ausruken lassen, unterbefehlsha-
ber war Bernhard Tillmann, und Peter Stürler trug das panner. dieser zweyte Gewalts-
haufe zoge bis gen Zofingen, konnte aber
nicht weiters vorruken, weil eine fähne von
Luzern, eine von Unterwalden, und die italiänischen schüzen, so zusammen 4000. mann
ausmachten, zu Tammerselen und Reiden
im Weyerthal gelagert waren, die sie beobachteten. Gen Aelen hatte man 2000. mann
gelegt, unter der anführung Hans Franz Nägelins, weil man dem Herzog von Savoyen
nicht recht traute, obwohl er gar gute worte gab.

Das ist gewiß, daß die Zürcher diesen Krieg
durch unbillige anforderungen veranlasset haben,
und die Berner wegen den verschiedenen beo-
bachtungscorpo, die sie ausstellen müssen, in
namhafte kösten gebracht; aber entweder hätten die Berner sich gleich anfangs erklären sollen, daß sie an diesem kriege keinen antheil nehmen wollten, auf diese weise wäre Zürich vie-
leicht davon abgehalten worden, oder aber sie
hätten denselben mit mehrerem nachdruk und
nicht so schläfrich führen sollen, denn dadurch
stürzten sie ihre bundsgenossen ins unglük, und
ver-

veranlaßten einen sehr nachtheiligen frieden, 1531.
die Waldstädter hingegen führten sich recht
wizig auf, und haben wie eine mauer zusammen gehalten. Nun kommen wir zum ausgang des krieges.

Es trachteten die Abgesandten etlicher Reichs- Ausgang
städten, der Herzog von Savoy, und der des Krie-
Marggraf von Baaden den frieden wieder
herzustellen, die 5. Orte aber begehrten zum
voraus, die feindlichen truppen sollten ihre gränzen verlassen, und in gemeinen Vogteyen sollte wegen der Religion ein frisches mehr ergehen; sie liessen auch von den feindseligkeiten
indessen nicht ab, fielen ins Zürchergebiet ein,
und erwekten einen solchen schreken darinnen,
daß die unterthanen durchaus den frieden haben wollten. Diesem ungestümen verlangen
durfte sich in diesen mißlichen umständen die
Stadt Zürich, in deren die furcht sich gleichfalls ausgebreitet hatte, nicht länger widersezen, also fielen die bedinge, wie wohl zu be-
greifen, nach wunsch der katholischen aus.

Leztere hatten bisdahin die Berner gleichsam ausgewichen, als sie aber mit den Zürchern fertig geworden, trugen sie nunmehro
minder bedenken, mit ihnen auch die kräfte
zu messen; und als selbige nicht alsobald die
bedinge angenommen, die ihnen die Wald-

II. Theil.　　　D　　　städte

1531. städte aufdringen wollten, fielen leztere in das Aergöw, wurden aber von dem Schultheiß Zulauf von Brugg, der aus der Stadt und dem Amte Eygen einiges volk zusammengebracht, tapfer zurükgetrieben. Jedoch war man bernerischer seits des Krieges müde; die kalte winterszeit rukte heran, und also wurde den 22sten des wintermonats im dorffe Hägglingen, ein dem mit Zürich gemachter gleichförmiger tractat aufgerichtet. Etliche bernerische unterthauen waren damit übel zufrieden, hielten sich aber still, und der sogenannte Müßerkrieg, der gleich hernach ausgebrochen, beschäftigte die geister mit einem neuen gegenstande.

**Einfall ins Veltlyn.** Johannes Müß, oder à Medicis, wie ihn andere nennen, (aber nicht von dem florentinischen stamm,) überfiel mit 900. abgedankten kayserlichen soldaten das Veltlyn, und bemächtigte sich des flekens Morbegno; die Bündner wehrten sich tapfer, und ruften die Eydgenossen um hülfe; die 5. Waldstädte schlugen dieses begehren aus; die übrigen **Die Bündner bekomen Hülf.** gen Cantone aber zogen zu feld. Bern gab 1500. mann, unter anführung Hans Franz Nägelins, unterhauptmann war Wolfgang von Weingarten, die fahne trug Peter Thormann, büchsenhauptmañ und wachtmeister war Burkard Schüz und Simon Wurstenberger.

Als

Als die Bündner und Eydgenoſſeu ſich verein- 1531.
bahret, rechnete man das ganze heer 11000.
mann ſtark. Die feinde verlieſſen Morbegno
wieder, und 300. der flüchlinge wurden er-
ſchlagen. Wer mehrere nachricht verlangt,
wird ſelbige in Gulers retiſchen Geſchichten
finden.

Um dieſe zeit kam der Herr von Haſenburg
im namen des Kayſers zu gunſten des Herzogen von Savoy nach Bern, und begehrte eine aufhebung der Urpeen, oder der zu St.
Julian geſchloſſenen einſezung der Waat, falls
nemlich der Herzog den artikeln ſelbigen vertrags nicht nachleben würde. Der Geſandte
gab vor: es gebührte dem Kayſer darüber
abzuſprechen, wenn der Herzog und die Stadt
Genf in zweytracht geriethen; deswegen ſollten die Städte Bern und Freyburg ihrem burgerrechte mit Genf und Lauſanne abſagen, und
vor die Urpeen der Waat eine namhafte ſum-
me geldes annehmen. Allein die Berner und
Freyburger wollten einen ſo guten vorwand,
die Waat einzunehmen, nicht ſo leicht fahren
laſſen. Alſo kehrte der Geſandte unverrichter
ſache nach hauſe.

Bern erneuerte damals den bund mit Pätterlingen, und öfnete den geflüchteten Haslithalern und Grindelwaldern das land,

ſie

sie mußten aber zu Bern erscheinen, zur Reformation schwören, und eine geldstrafe entrichten.

**1532.**

**Das Schloß Luggaris wird geschleiffet.**

Im anfang des 1532sten jahrs wurde auf einer tagsazung zu Baaden erkennt, das fürstliche schloß zu Luggaris zu schleiffen, und die besazungsknechte abzudanken, welches auch ins werk gestellt worden.

Obwohlen die Eydgenossen auf französisches anstiften dem Kayser die begehrte hülfe wider die Türken abgeschlagen, so bezahlte er ihnen doch ganz willig die ausstehenden pensionen von wegen der Grafschaft Burgund, legte aber die pensionen vor Zürich, Bern und Basel, von der erbeinigung herfliessende, anstatt selbige ihnen, wie den übrigen orten, zu entrichten, hinter den Landvogt zu Baaden, weilen sie, wie er sagte, sich der erbeinigung ungemäs verhalten, etlicher von seinen voreltern gestifteter klöstern gebräuchliche Gottesdienste abgeschaft, und derselben einkommen und gefälle an sich gezogen.

Der Herzog von Savoy wäre gerne mit den Eydgenossen in eine bundserneurung getretten; die Eydgenossen aber forderten die rükständigen pensionen, und Bern wollte auch nicht seinem begehren nach das burgerrecht mit Genf aufgeben; also wurde nichts aus diesem geschäfte.

Der

Der König in Frankreich begehrte um diese 1532.
zeit eine besondre vereinigung mit der Stadt
Bern aufzurichten; die Berner aber liessen es
lieber bey dem ewigen frieden bewenden.

Man sieht aus den geschichten damaliger *Handel*
zeiten, daß so zu sagen nicht die geringste po- *wegen*
lizey in den meisten Staaten, und sonderheitlich *Peter*
der Eydgnoßschaft geherrschet hat.  Privatper- *Wernli.*
sonen, die sich auf ihr ansehen verlassen konnten,
waren nach empfangenem schimpfe gleich auf
die selbstrache bedacht, und in dergleichen fällen äusserte sich von seiten der Obrigkeiten eine schwachheit, die kaum begreiflich ist.  Ein
gewisser Thomherr von Freyburg, namens
Peter Wernli, war von der katholischen Religion abgefallen, und hatte sich nach Genf
begeben; als er dorten auf anstiften des bischofs wiederum meynung geändert, verfolgte
er die Reformierten auf eine mörderische weise,
und wurde in einem feindseligen angrif, den
er auf etliche personen gethan, ums leben gebracht; sein Bruder Caspar Wernli machte
sich darauf einen anhang von hundert bewafneter männer, nahm dem Herrn von Torrens mit hülfe des Grafen von Genevois drey
von seinen schlössern ein, und fügte überhaupt
den Genfern allerhand schaden zu; zu gleicher
zeit that der Bischof von Genf eint und an-
deres, das der stadt ihren freyheiten nachthei-

D 3                                                     lig

1532. lig war, welches die Berner veranlaßte, eine bottschaft nach Genf zu schiken; anstatt aber die gewaltthätigkeiten des Caspar Wernlis zu bestraffen, erhielt er vielmehr die genugthüung, daß einer von denen, die vom Peter Wernli angegriffen worden, und ihn erstechen gehol-fen, mit dem schwerdt gerichtet wurde. Da-mit war Caspar Wernli noch nicht zufrieden, und begieng noch allerhand feindseligkeiten wi-der die, so ihm nur verdächtig waren, wel-ches die Berner nochmals bewog, eine starke bottschaft nach Genf zu schiken; diese vermit-telten endlich einen völligen frieden. Wir lesen aber nicht, daß dem Wernli die geringste straffe angethan worden.

Gefähr-liche Un-ruh zu Solo-thurn.

Zu Solothurn währten die religionsunruhen immer fort; aber, obwohlen von 44. Land-pfarreren 34. mit oberleitlicher nachlassung die meß abgethan hatten, mußten die Reformier-ten sich dennoch schmiegen, weilen die mächtig-sten im Regiment eifrige Catholiken waren.

Den 30sten oktober 1533. brachen endlich beyde partheyen des nachts in der Stadt in feindseligkeiten aus, und obschon kein blut ver-gossen wurde, weil die schwächere parthey in die vorstadt gewichen, die brüken hinter sich abgeworfen, und von dannen mit einer ziem-lichen anzahl landvolks noch weiters gegen
Wiet-

Wietlisbach sich zurükgezogen hatte, so wurden 1533.
doch von allen orten der Eydgenoßschaft ge‑
gesandte nach' Solothurn geschikt; und da die
Berner sich sehr schwach der Reformierten an‑
genommen, so fiel der sogenannte unparthey‑
ische ausspruch, der zu vermeidung eines fri‑
schen innerlichen krieges, beyden partheyen
vorgelegt worden, völlig zu gunsten der ka‑
tholischen aus; durch selbigen wurde das Licht
des Evangelii in diesem Cantone wieder aus‑
gelöscht.

Um diese zeit hielte der Herzog von Savoy **Begeh‑**
um verlängerung des termins an, welcher ihm **ren des**
zu bezahlung der schuldigen restanz von der **Herzogen**
Stadt Bern bestimmt gewesen, und erhielte **von Sa‑**
zum theil sein begehren, mit beygefügter **voy.**
bedrohung: daß, sobald er sich noch einmal
saumselig bezeigen würde, das verpfändete land
alsdann den Bernern eigenthümlich zugehören
solle. Der Herzog ließ auch die Berner er‑
suchen, daß sie ihm durch ein fürbittliches schrei‑
ben an den Kayser zu der verledigten Marg‑
grafschaft Montferrat verhelfen möchten, er wer‑
de ihnen alsdenn besser im stande seyn, als
ihr schuldner zu begegnen; die Berner aber wie‑
sen dieses geschäft von der hand. Hingegen nah‑
men sie damals den Herrn v. Torrens, den lezten
seines stamms, zum burger an, welcher alle seine
ansprache auf die Herrschaft Aelen fahren ließ.

D 4

Der

1533.

Der Herzog von Savoy und die Stadt Genf, hatten so entgegengesezte absichten, daß sie nothwendig nicht im frieden leben konnten. Ersterer suchte seine gewalt, und leztere ihre freyheiten auszudehnen. Beyde legten im jahr 1534. ihre klagen den zu Baaden versammel= ten eydgenößischen gesandten vor; diese trugen dem Stand Bern auf, beyde partheyen zu ver= gleichen. Die Stadt Freyburg war schon aus den bunde getretten, den sie mit Genf eine zeitlang gehabt. Also fiel die last der be= schüzung der Stadt Genf einzig und allein auf die Berner, welche sie nicht nur wider ihre feinde beschüzt, sondern auch allem an= sehn nach, zu dem schnellen wachsthume der Reformation unter der burgerschaft vieles bey= getragen.

Der Bischof, der einigen unwillen gegen den Herzog Carl gehabt, opferte selbigen sei= nem wahren nuzen auf, und verband sich von neuem mit ihm wider die Genfer, denen er alleine nicht gewachsen war. Da ließ der Herzog etliche Genfer gefangen nehmen, und verschafte, daß der Landvogt im Chablais, und der Herr von Roll 8000. mann, sowohl fußvolk als reuterey versammelten, und damit den lezten heumonat am morgen früh die Stadt umgaben, und die gebäude vor den mauern plünderten.

So=

Sobald die Berner den gefährlichen zustand 1534.
ihrer bundsgenoſſen vernahmen, ſchikten ſie
eine eilende botſchaft an das feindliche heer,
und nachwärts noch eine gen Thonon; als
aber beyde wenig ausgerichtet, wurde un=
ter dem kühnen hauptmann Anthoni Biſchof
eine berneriſche beſazung in Genf gelegt.

Indeſſen wurde dieſes geſchäft nochmalen
den Eydgenoſſen anhängig gemacht, bis end=
lich etliche von den Cantonen, dieſes langwäh=
renden ſtreits überdrüßig, ſich erklärten: daß
ſie ſich fürohin in dieſe verdrüßliche händel
zwiſchen Savoyen und Genf nicht mehr mi=
ſchen wollten. Die Genfer bedunkte, die
Stadt Bern zaudere auch zu vaſt, ihnen bey=
zuſpringen, und beſchloſſen deswegen, ſelber
ihr mögliches zu thun, um ſich dieſer gefahr
zu entreiſſen. Nachdem ſie nun zu Bern bey
einer privatperſon 600. Cr. zu entlehnen ge=
funden, warben ſie damit 400. mann zu
Neuenburg, Valendys, Neuenſtadt, Biel
und in dortiger gegend des Bernergebiets
an; dieſe zogen durch das Traverſthal in die
Waat, und nachdem ſie in einem engen paß
bey Gingins etliche 1000. mann, die ihnen
den weg verſperren wollten, tapfer in die
flucht geſchlagen, und viele davon erlegt,
gedachten ſie ſiegreich zu Genf einzurüken,
und die berneriſche beſazung hatte ſich ſchon

D 5                                          gefreut

1534. gefreut, ihnen entgegen zu ziehn. Allein die bernerischen gesandten, Ludwig von Diesbach, und Hans Rudolf Nägeli, ungeachtet der ihnen Savoyischer seits unterwegs angethanen beleidigung, brachten es mit guten worten und bedingen dahin, daß sie wieder nach hause gezogen. Sie sollten billig hoffen, daß diese aufführung den Herzogen bewegen würde, seinerseits auch freundschaftlicher gegen den stand Bern sich aufzuführen, und den Genfern, ihren bundsgenossen, durch die besazungsknechte des raubschlosses Pincy künftighin nicht mehr so viel schaden beyzufügen, allein diese hofnung schlug fehl; jedoch wurde ein konferenztag auf den 21. wintermonat festgesezt, und die Genfer von seiten der Stadt Bern ermahnt, indessen still zu sizen: Die Gesandten waren der Sekelmeister Hans Franz Nägeli, Hans Rudolf von Dießbach, Hans Rudolf von Erlach und der Stadtschreiber Cyro. Allein diese Conferenz lief fruchtlos ab, und weilen die Genfer bedunkte, die Berner gehen allzu langsam zu werk, so meldeten sie sich bey dem König in Frankreich an, der eben damals einen grollen wider den Herzog von Savoy gefaßt; dieser schikte ihnen den Herrn von Varé mit einiger reuterey zu hülfe, allein sie vertiefte sich im schnee, und wurde in diesem wehrlosen zustande von den Savoyern

voyern übel zugerichtet. Der Herr von Varé 1534.
selber wollte sein leben mit der flucht retten,
und begegnete etlichen Genferischen deutschen
besazungsknechten, die ihn nicht kannten, und
seine sprache nicht verstuhnden, die brachten
zwey von seinen bedienten ums leben, und
führten ihn gefangen nach Genf.    Indessen
wurde den Genfern von seiten des Herzogs
von Savoyen der proviant abgeschnitten; und
als die Genfer wegen mangel der lebensmit-
tel die unnöthigen mäuler aus der stadt schikten, wurden etliche weiber bis aufs hembe
ausgezogen, und wieder gegen die thore ge-
jagt. Da beschlossen endlich die Berner (in der
meynung, sie haben jezund grund und ursach genug dazu) die Genfer mit den waffen zu schüzen, und ihre absicht auf die verpfändete
Waat auszuführen; was sie noch mehr dazu aufmunterte, war die approbation und
gutwilligkeit der unterthanen, die sie aus den
antworten auf die obrigkeitlichen zirkularschrei-
ben bemerken konnten, da ein einziges von den
geringsten ämtern diesen entschluß nicht gutheissen wollte; selbiger wurde auf dieses hin den
eyd- und bundsgenossen eröfnet, und etliche
Cantone, wie auch die Bündner besonders um
zuzug angesprochen.

Fünf=

# Fünfzehntes Buch.

## Inhalt des fünfzehnten Buchs.

Auszug in die Waat, sonst auch das Welschland genennet. Verrichtungen des Bernerischen Kriegsheers, und kluge Aufführung des Feldobersten Nägelins. Die Freyburger und Walliser helfen auch den Herzogen von Savoy bekriegen. Die Berner treffen wenig Widerstand, und einen glüklichen Zeitpunkt an. Gänzliche Eroberung des Welschlands, der Landschaft Gey und erlicher Oerter in Savoy. Unruh zu Genf. Burgerrecht mit dem Münsterthal. Streit zwischen Bern und Genf. Streit zwischen Bern und dem Grafen von Griers.

Dieses Buch geht von 1535. bis 1542.

1536.

Auszug in die Waat.

Den 16ten jenner 1536. wurde der Auszug in die Waat, oder ins Welschland, wie wir diese gegend nennen, mit der stadtfahne auf 6000. mann bestimmt, das geschütz in ordnung gebracht, und was zu einem glüklichen ausgang behülflich schien, veranstaltet; der tag

tag aber auf den 22ſten gleichen monats veſt-
geſezt.

Der abſagbrief an den Herzogen von Savoy lautete kürzlich alſo :

**Dem Durchlauchtigſten Fürſten
und Herrn Carolo , Herzogen zu
Savoy ꝛc. thun hiermit zu wiſſen : Wir der
Schultheiß, die Räth und Burger, genennet
der klein und groſſe Rath der Stadt Bern.**

„ Dieweilen nach dem vertrag von St.
„ Julian, und nach der von unſern Eyd-und
„ Bundsgenoſſen gehaltenen konferenz zu Pet-
„ terlingen, anſtatt den beyderſeits angenom-
„ menen bedingen nachzuleben, Ihr im gegen-
„ theil von ſtund an durch euere unterthanen
„ und anhängere unſeren mittburgern von
„ Genf den proviant abgeſchnitten, auch ſel-
„ bige auf euerm boden beleidiget, gefangen ge-
„ nommen, geſchlagen, umgebracht, ihre fahrhab
„ geraubet, ihre güter beſchädiget, ihre häuſer
„ verbrennt, den mördern in dem raubſchloß
„ Piney unterſchlauf gegeben wie vorhin, auch
„ die Stadt Genf immer näher mit euern
„ völkern umringet und geängſtiget, unſere vor-
„ ſtellungen nichts geachtet ; ſo kündigen wir
„ euch durch dieſen unſeren herold, alle bisda-
„ hin mit euch gehabte alte und neue bündniſſe
„ auf, und wollen euch und die eurigen bekriegen,

„ kriegen, und beschädigen an leib und gut.
„ Gegeben den 16ten jenner 1536.

**Berner Auszug in die Waat.**

Zum anführer erwählte man den sekelmeister Hans Franz Nägeli, der sich vor etlichen jahren in den italiänischen kriegen hervorgethan; seine zugegebene räthe waren Wolfgang von Weingarten, sein unterhauptmann Lienhard Brenzikofer, Hans Pastor, Hans Rudolf von Graffenried, Crispinus Fischer, Michael Augsburger, Georg zum Bach, Andreas Zülli, und der stadtschreiber Cyro. Schüzenhauptmann war Wilhelm von Hertenstein, und schüzenvenner Anthoni Tillier. Hauptleute über die, welche spiesse trugen, Hans Frisching und Simon Wurstenberger. Hauptmann über die freywillige, Georg zum Bach, sein unterhauptmann Jakob May. Die fahne trug Caspar Hubler.

Die von Neuenburg, Biel, Erlach und Nidau, wurden gen Murten; die von Sanen, Oesch und Aelen, gen Petterlingen zum sammelplaz beruffen; denen von Granson, Tscherliz und Petterlingen trug man auf, den proviant zu rüsten, mahlen und baken zu lassen, und man warnete sie zugleich, daß das heer am folgenden samstag zu Murten eintreffen werde. Der burgerschaft von Murten befahl man den paß beym Jälbaum zu bewachen,

machen; dem vogt von Erlach aber den paß bey 1536.
Fanel.    Es wurde auch allen amtleuten ein-
geschärft, ihre schlösser mit aller behutsamkeit
vor einem überfall zu verwahren.

Dieser entschluß der Berner, den Herzogen von Savoy zu bekriegen, gefiel keineswegs etlichen benachbarten, sonderlich den Cantonen Luzern, Ury, Schweiz, Unterwalden
und Zug; ersterer schikte in aller namen nach
Bern, dieser Republik dagegen vorstellungen
zu machen: es war aber nicht mehr möglich,
sie von diesem vorhaben abwendig zu machen.

Den 22sten jenner geschah der aufbruch
aus der Stadt Bern, und des gleichen tags
kam der meiste theil des bernerischen heers bey
Murten zusammen; von dannen wurden die
von Cudrefi schriftlich aufgefordert, den Herzoglichen kornproviant dem kriegsheer zu über-
schiken. Sie stellten sich gehorsamlich ein, sandten 23. männer, die huldigung vor sie zu verrichten, gen Murten, und wurden zu unterthanen angenommen. Indessen bekam der
schultheiß von Wattenweil, und der venner
Vogt befehl, die truppen zu beendigen: weilen aber selbige noch nicht ganz beysammen
waren, so wurde selbiges, bis sie insgesamt
zu Petterlingen angelanget, aufgeschoben.
Dorthin verfügten sich die Neuenburgischen
hülfs-

hülfsvölker, und die geſandten von Milden, Romont und Rue, um wegen der übergabe zu handlen.

Die Petterlinger wurden auf gleichem fuß angenommen, wie ſie unter der ſavoyiſchen Herrſchaft geweſen. Von dannen zog das heer weiters; die vorhut commandierte der hauptmann zum Bach, ſie beſtuhnde aus einer freycompagnie, von ungefehr 300. mann, und den unterthanen von Thun, Ober-und Niederſiebenthal; ſie führte 4. feldſtüke mit ſich.

Der ſchlachthauffe wurde von dem feldoberſten Hans Franz Nägeli ſelbſt angeführt, er beſtuhnde aus der ſtadt-und ſchüzenfahne, den unterthanen aus den 4. Landgerichten und einigen andern mehr.

In der nachhut waren die Neuenburger, Valendyſer, Neuenſtädter, Erlacher ꝛc. unter anführung Hans Friſchings und Heinrich Zimmermanns; ſie hatte 4. feldſtüke, und der gewaltshauffe achte.

Als man zu Tſcherliz angekommen, ſchwuren die von Milden und Rue den eyd der treue, mit vorbehalt ihrer freyheiten; die von Ifferten wurden auch zur übergabe aufgefordert, weilen ſie aber mit einer ziemlichen beſazung verſehen waren, ſo ſchlugen ſie es ab.

Von

Von Tscherliz verrukte das heer nach Morsee, und fande keinen widerstand, ausgenommen daß hie und da einige feindliche reisige
mit der vorhut scharmuzierten. Zu Morsee
waren 8. grosse schiffe und eine barke am bord.
Das grosse geschüz ward auf denselbigen wider das bernerische heer losgebrennt; es wurde auch dagegen auf dieselben geschossen, jedoch
ohne beyderseitigen schaden, und die schiffe fuh-
ren über den see. Die landmiliz aber, die
aus 4000. Italiänern, einigem volke aus der
Waat selber, und aus edelleuten bestuhnde,
verstob bey der blossen ankunft der Berner,
ohne einigen widerstand zu thun, anstatt daß
sie Morsee und Roll hätten vertheidigen sollen. Als man zu Divone angekommen, dessen Herrschaftsherr sich ergab, und die auferleg-
te ranzion bezahlte; wo man einiges feldgeschüz gefunden, wurde Erhard, burger von
Nydau mit 200. büchsenschüzen dem gebürge
nach geschikt, um etliche daran gelegene schlösser einzunehmen.

Die einwohner von Ger, Neuß und Copet
ergaben sich willig, wie auch der Herr von
Bonmont, und die Genfer bekamen indessen
das raubschloß Pincy in ihre gewalt. Mitt-
wochs den 2ten hornung streiften die freysah-
nen und die nachhut, unter Hans Frisching
in der landschaft Ger herum, um etliche schlös-

II. Theil. E ser

1536. ssr zu verderben, und näherten sich der Claus, konnten aber selbige nicht einnehmen; am gleichen tage zog das übrige bernerische heer zu Genf ein; dorten meyneten etliche der kriegsräthen: man sollte sich die glüklichen umstände noch besser zu nuze machen, und in Savoy eindringen; andere aber riethen vielmehr, daß man sich mit der Waat, der Landschaft Ger, und dem Chaiblais begnügen sollte.

Die Herzogin von Nemours, Gräfin von Genevois, liesse durch eine gesandschaft bitten, daß das bernerische kriegsheer ihre unterthanen nicht feindlich beleidige, welches ihr, weil sie unter französischem schirm war, nicht wohl konnte abgeschlagen werden, doch mußte sie versprechen, sich neutral aufzuführen, die Genfer nicht zu beleidigen, und den Herrn von Torrens, was ihm gehörte, wiederum zuzustellen.

Michael von Blonay, Herr von Maßilli und der Commentur von Compesiere ergaben sich, wie auch die Stadt Morsee, mit vorbehalt ihrer freyheit; doch wurden ihr die thore weggenommen, weil sie selbige beym anruken den Bernern nicht geöfnet hatte, und man verfällte sie zu einer gebührenden brandschazung.

Die-

Diesem Exempel folgten Roll, Neuenstadt, 1536.
Thonon und Alinge nach; es trachteten zwar
die bottschafter von Mayland etwas zu
gunsten des Herzogen von Savoy, bey der
Generalität auszuwürken, sie wurden aber
nach Bern gewiesen. Die ausgeschoffene der
Grafschaft Burgund langten auch im lager
an, und begehrten: daß der erbeinigung gemäs selbiger keine feindseligkeit angethan werde, welches man ihnen versprochen hat.

Die Walliser liessen zu wissen thun, wie
daß sie ihrerseits die Landschaft St. Mau-
rizen bis gen Thonon einzunehmen gesinnet
seyen, mit dem anerbieten: daß alsdenn
beyde Stände, Bern und Wallis, einander
ihre eroberungen beschirmen wollen; welches
gutgeheissen wurde.

Um diese zeit kamen die gesandten von
Zürich, Glaris, Basel, Schaffhausen, Appenzell und dem Bündnerland nach Bern,
um dieser Republik die gefährlichen folgen
des Savoyischen krieges vorzustellen, wann
schon die anfänge günstig gewesen seyen, und
obwohl die 5. übrigen Orte ihre gesandten nicht
mitgeschikt, so seyen sie doch gesinnet, an her-
stellung des friedens, das ihrige so viel möglich beyzutragen. Die Eydgenossen hatten
freylich recht; dieses geschäft konnte allerdings
E 2                                         sehr

sehr bedenklich werden, der Herzog konnte
gar leicht bey einem mächtigen Potentaten
hülfe finden; Es kan aber doch gar wohl seyn,
daß die eifersucht mehr als andere betrachtun=
gen zu diesen vorstellungen beygetragen.

Indessen fuhr man mit der eroberung fort,
und der tod des Herzogen von Mayland Fran=
ciscus Sforzia war ihnen sehr günstig dazu;
denn der König in Frankreich, der bisdahin
vom Kayser mit schönen versprechungen war
aufgehalten worden, beschlosse nunmehro sei=
ne ansprache auf das Mayländische mit den
waffen zu behaupten. Da nun der Herzog
von Savoy des Kaysers parthey ergriff, so
wurde er von den Franzosen überfallen, und
vast um alle seine besizungen gebracht. Das
bernerische heer aber änderte seinen zug, und
da es zuvor gegen Chamberi fortgedrungen,
so marschierte es jezund gegen die Claus,
und überliesse die eroberung des Herzogthums
Savoy der französischen armee.

Als den 13ten Hornung durch einen tieffen
schnee, die Berner auf beyden seiten des Rho=
dans gegen die Claus angerukt, sezte die nach=
hut bey Grave über diesen strom, stieg auf
den dortigen spizen berg, verjagte die feind=
lichen wachten, und warf mit steinen, schnee,
schollen und felsenstüken auf die veste Claus her=
unter

unter, sie konnten ihr aber wegen dem ge-
wölbe des berges, so ihr zu einer deke dien-
te, wenig schaden zufügen. Die von der vorhut begaben sich samt der mannschaft von Lausanne auf der bergseite dem Rhodau nach, unter die Claus, und warteten dorten auf die
schifleute von Bern und Thun, welche sich
auf fahrzeugen den fluß hinunter gewagt, davon man kein exempel soll gewußt, und dieses als eine unmögliche sache betrachtet haben.
Hernach vertrieben sie die feinde vom berge,
und bahneten sich einen bequemern weg zu
dem schloß; mit gleicher unverdrossenheit brachten die zum feldgeschüz verordnete, etliche noth-
wendige stüke, mit unsäglicher mühe und arbeit durch den schnee, auf den steilen berg gegen der Claus über, und richteten selbige dagegen, konnten aber wenig damit schaffen, ausser daß sie die besazungsknechte in gefahr sezten,
die sich dennoch hervorwagten, und auf die Berner etliche schüsse thaten.    Sie waren aber in
geringer anzahl, ringsumher eingeschlossen,
hatten wenig hofnung zu einem baldigen ent-
saz, und ergaben sich, als sie aufgefordert wurden; mit dem beding: daß sie, jedoch unbe-
wafnet, den sichern abzug haben, und innert
dreyen manaten nicht wider die Stadt Bern
dienen solten.

E 3

Die

1536. Die Berner trachteten indeſſen jemand zu haben, der ihnen erobern, und das eroberte vertheidigen helfe. Deswegen lieſſen ſie den Freyburgern anerbieten: ſie wollten ſelbigen zu eroberung von Rue und Romont behülflich ſeyn, daferne ſie ihnen alsdenn auch die Stadt Jfferten wollten bezwingen helfen. Die Freyburger konnten dieſer verſuchung nicht widerſtehn, und nahmen alſo auch antheil an dieſem kriege.

Das berneriſche heer aber bekam befehl zurukzukehren, um die belagerung von Jfferten vorzunehmen, und unterwegs Coſſonay, Laſſara, Eſclees und St. Croix aufzufordern. Die eydgenößiſche Geſandſchaft, ſo hievor zu Bern erſchienen, traf das kriegesheer dieſer Republik, noch bey der Claus an, erhielt aber keine andere antwort von der Generalität, an welche ſie gewieſen worden, als: wenn ſie anſtändige gedinge vom ſavoyiſchen Hofe auswürken könnten, man ſelbige anhören werde; und da ſie von des Herzogen amtleuten nichts erhalten, zog ſie wieder nach hauſe.

Bey ankunft der Generalität zu Genf, huldigten die landleute der Herrſchaften Ger und Ternier, und zu Morſee huldigten ihr die ausgeſchoſſene von Vivis und Latour, und die Herren von Wuflens und Cottens. Es ergaben

ben sich auch die Frauen von Montrichier **1536.**
und Siveri.

Von Morsee zog man vor Lassara; der
besazungshauptmann, der allzuwenig volk
bey sich hatte, ergab sich, und erhielte gnade,
das schloß aber wurde verbrannt. Esclees forderte man auch auf, und Johann Philippon
von Milden, erhielt befehl, die herrschaftsleute
von Bossones in huldigung aufzunehmen.

Hierauf gieng der zug durch Orben, und
man schlug zu Rance das lager auf, von dannen rukte man durch Montagni vor Jfferten;
der feldoberster Nägeli wurde zwar krank, allein er bekam in kurzem seine gesundheit wieder, und dieweil man zu der belagerung die
anstalten machte, huldigten die von Esclees,
St. Croix, Bulet und die Herren von Che-
saur, Biolley und der Castellan von Champ-
vent im namen des Herrn von Vergi aus
Burgund.

Es kam auch dahin ein deputierter von Vivis, der brachte die stadtschlüssel mit sich, man
nahm ihm selbige ab, und bestätigte ihnen
die freyheiten, unter deren vorbehalt sich diese stadt schon vorher an die Generalität ergeben hatte. Darüber entstuhnde nachwärts
einiger streit zwischen Bern und Freyburg;
die Freyburger sollten vor ihre ausbeute, laut

des

**1536.** des vertrags zwischen beyden Städten, Romont, Rue: Vautrur, Chatel St. Denis, St. Aubin und Stäffis haben. Hierauf hatten sie auch noch um Surpierre, Moliere, Vivis und Thurn angehalten, und keine abschlägige antwort bekommen, weilen man zu Bern, wie es scheint, nicht wußte, daß sich Vivis und Thurn würklich an die Generalität zu handen der Stadt Bern ergeben hatte. Die Freyburger sind gleichwohl nachwärts von diesem begehren abgestanden.

Während der belagerung von Ifferten schikten die burger von Milden eine deputatschaft an die Generalität, und beklagten sich, daß die Aemter Romont, Rue und Surpierre an die Freyburger überlassen worden, da doch Rue zuvor nach Milden gehört; auch die von Petterlingen waren nicht zufrieden, daß etliche der Abtey zugehörige dörfer, nemlich Baumes, Bransin, Missi und Trey, der Stadt Freyburg anheimfallen sollten: beyde städte wurden mit ihren vorstellungen zurükgewiesen.

Indessen bemächtigte man sich der vorstadt von Ifferten, und machte zurüstungen zum sturm auf die stadt selber, die feinde aber durften selbigen nicht erwarten, und den 25 sten wurde die capitulation unterzeichnet.

Die

Die soldaten aus der Eydgenossenschaft 1536. mußten sich auf gnade ergeben; die fremden wurden durchsucht, und ihnen die kleider ausgezogen.

Die burgerschaft mußte ihre freyheiten, brief und siegel, samt ihrem geschüz, harnischen, waffen und allem in die stadt geflüchtetem gut, den Bernern zustellen, und eine bescheidene ranzion bezahlen. Dem plazhauptmann Herrn von St. Saphorin, der obgemeldten Frau von Siveri ihrem mann, wurde aus gnade das leben gefristet, und er mußte sowohl als die burgerschaft, zu gemeldten artikeln schwören. Hierauf wurde die stadtfahne in das lager getragen, und samt den schlüsseln der stadt und des schlosses, und den einsiegeln der stadt und Castlaney, der Generalität vorgestellt.

Am tage vor der übergabe, hatten sich die Herren von Lassara und Lisle, mit einer anzahl der besten besazungsknechte, aus der stadt geflüchtet. Am samstag darauf, huldigte der junge Herr von Blonay im namen seines vaters; und man ließ zu Jfferten eine besazung von 200. mann, unter Georg Hubelmann.

Die nachhut wurde nach hause geschikt, die hülfsvölker aber von Neuenburg, Neuenstadt und Valendys, wurden wegen ihren geleisteten

E 5                    ten

1536.ten dienſten, mit vieler dankbezeugung beurlaubet, und das übrige herr zog nach Petterlingen, um dorten weitern befehl zu erwarten.    Indeſſen wurden der Generalität die
ſchlüſſel von Surpierre überbracht; man ſchil-
te Hans Friſchling dahin, ſelbiges in beſiz zu
nehmen, er ſtekte es aber in brand, und man
gab vor, er habe dieſes aus verdruß gethan,
weil er vernommen, daß dieſes veſte wohlgele-
gene ſchloß an die Freyburger ſollte überlaſſen
werden.    Es ergaben ſich auch noch die Herren von Bavois, Aſperlin und Beaumont.

Nach Pätterlingen verfügten ſich hierauf
zur Generalität von Bern aus Hans Jakob
von Wattenweil, ſchultheiß, Jakob Vogt,
Venner, Jakob Wagner und Hans Rudolf
Nägelin zu einhändigung der den Freyburgern
überlaſſenen pläzen ; da erhub ſich zwiſchen
beyden Cantonen ein nicht geringer ſtreit,
weilen Bern etliche örter an Freyburg überlaſſen, die der Generalität würklich zu handen
der Stadt Bern gehuldiget hatten , und die
verſicherung empfangen, daß ſie von Bern
nicht ſollten entfremdet werden ; endlich ge-
riethe es dahin , daß Vivis und Thurn den
Bernern verblieben, das übrige aber, ſo in
der verkommnis begriffen , den Freyburgern
ſollte abgetretten werden.

Nur

Nur bleib noch das veste schloß Chillon 1536. übrig, welches am östlichen ende des Genfersees an einem wichtigen engen passe ligt, und mit einer besazung versehen war; diese verrichtung wurde dem Feldobersten Nägeli auch noch aufgetragen, und 1000. mann dazu bestimmt.

Die Genfer schikten den Bernern 4. schiffe, darauf sich 100. mann mit einigem feldgeschüze und mit lebensmitteln befanden; sie waren auch mit wollenen ballen beladen, die zu einer brustwehr wider das feindliche geschüze aus dem schlosse dienen sollten, eine Savoyische barke, die man zum krieg ausgerüstet hatte, und die an grösse alle schiffe auf dem see soll übertroffen haben, hätte den zugang auf der seite des wassers vertheidigen können; da sie aber die Genferschiffe ankommen sah, nahme sie die flucht.

Da nun die besazung zu wasser und zu lande eingeschlossen war, hielte sie den sturm nur zween tage aus, und ergab sich mit kapitulation; man fande grosse reichthümer darinnen, und also bekamen die Berner alles in ihre gewalt was der Herzog im Welschland besessen hatte; dann die Stadt Lausanne, die 4. gemeinden im Reisthal, Wiflisburg, Lucens und Bulle, gehörten eigenthümlich dem
Bischof

1536. Bischof von Lausanne, und die Herzoge von Savoy hatten nichts darüber zu gebieten; auch redte Hr. Seigneur einsten Herzog Carln den gütigen, auf seiner durchreise also an, da er ihm die schlüssel der Stadt Lausanne überbrachte: Has claves nostræ Civitatis tibi trado, non ut in ea domineris, sed ut in ea securius dormias.

Der Herzog trachtete zwar gleich darauf sich die uneinigkeit zwischen dem Bischof und der Stadt zu nuze zu machen, und seine herrschaft über Lausanne auszudehnen; die burgerschaft willigte in sein begehren, sobald sie sich aber mit dem Bischof wieder ausgesöhnt, welchem sie dieses zum troz gethan, und die Städte Bern, Freyburg und Solothurn sich des leztern angenommen, so mußte der Herzog sein vorhaben fahren lassen.

Als nun die Berner alles eingenommen, was dem hause Savoy im Welschland gehörte, liessen sie sich auch über das weltliche Bistum gelüsten, destomehr weilen der damalige Bischof aus dem hause Montfaucon ein feindseliges gemüth gegen sie geäussert, und sich bey heranrukung ihrer truppen geflüchtet hatte, deswegen ließ ihr feldoberster auf dem heimzug von der eroberung von Chillon, die 4. gemeinden im Reisthal auffordern. Etliche wochen vor-

vorher hatten sie zwar gemeiniglich den entschluß 1536.
gefaßt, sich zu wehren, und das städtchen
Lutri hatte seine gräben raumen lassen; dismalen aber hielten sie es vor rathsamer sich zu
ergeben, und behielten sich ihre freyheiten vor,
die ihnen auch bestätiget wurden. Sie waren
damals noch eyfrige katholiken, deswegen ver-
droß es sie desto mehr, daß sie sich an Bern
ergeben mußten.

Die Stadt Lausanne öfnete alsobald den
anrukenden Bernern die thore, und selbige
nahmen zu handen ihrer Obrigkeit, besiz von
dem schloß, und allen daherum gelegenen welt-
lichen gerechtigkeiten, so dem Bischof zugehört.
Von da zog man gen Lucens und Wiflisburg;
ersteres ergab sich gleich, die burgerschaft aber
von Wiflisburg gab zuerst zur antwort, als
man die huldigung verlangte, sie habe keinen anlas gegeben, daß man sie angreiffen
sollte; da sie aber sah, daß die Berner mit
diesem zureichenden grunde sich nicht begnügen
wollten, unterwarfen sie sich auch der Stadt
Bern. Bulle aber, so ganz im Freyburger-
gebiete eingeschlossen ist, wurde den Freyburgern überlassen. Der Pabst bestättigte sie hernach im besize davon.

Eine von den ersten sorgen der Berner, nach
eroberung des Welschlandes, gienge dahin:
ihren

1536. ihren neuen unterthanen das Evangelium predigen zu laſſen, und den aberglauben abzu-
ſchaffen; ihre landesvaͤterliche pflicht, und die
ſtaatsklugheit vermahnte ſie dazu, nichts konnte ſie ſo ſehr wie die gleichfoͤrmigkeit des glaubens an ihre neue Obrigkeit binden, und von
ihrem vorigen Landesherrn voͤllig abwendig
machen; ſie verlangten hernach deſtoweniger
ihr ſchikſal zu veraͤndern, als ſie einmal die
ſuͤſſen fruͤchte einer weit gelindern regierung ge-
koſtet hatten, ſonderheitlich der burger- und
der bauerſtand, die unter einem einzelherrn
allezeit unterdrukt und verachtet ſind.

Es war der Obrigkeit deſto leichter ihre
abſichten auszufuͤhren, weil viele einwohner
ſchon vorher gelegenheit gehabt, in den neuen
lehrſaͤzen ſich zu unterrichten, und ſelbige nach
ihrem geſchmake gefunden hatten. Wilhelm Farel hatte hin und wider das reine Evangelium
geprediget, und zwar mit deſto groͤſſerm muthe,
weil man ihm aus furcht vor den benachbarten Bernern, die alle ihm angethane beleidigung ſo anſahen, wie wenn ſie ihnen ſelber
waͤren zugefuͤgt worden, in ſeinen verrichtungen nicht ſtoͤhren durfte.

Nachdem die eroberung vom Welſchland ſo
gluͤklich von ſtatten gegangen, und Wilhelm
Farel in der perſon des Petri Viret, einen
gut-

gottesfürchtigen und eyfrigen gehülfen bekom= 1536.
men, so, daß die Reformation von tag zu
tage mehrere anhänger hatte, beschloffe die
Obrigkeit, durch ein Religionsgespräch zu Lau=
sanne, diefes werk völlig zu stand zu bringen.

Diese disputation gieng hierauf glüklich von
statten, viele wurden dadurch theils überzeugt,
theils beveftiget; und obwohl die abschaffung
der bilder und alten kirchengebräuche, noch
hie und da widerstand fand, so wurde doch
die Reformation in kurzer zeit, durchgehends
angenommen. Wer die umstände diefer be=
gebenheit noch beffer zu wiffen verlangt, der
kan selbige in des fleißigen und redlichen Hrn.
Ruchats werke nachschlagen, aus welchem
das wenige, so ich davon angebracht, herge=
nommen ist.

Hierauf wurde eine bottschaft von Wal=
lis nach Bern geschikt, um wegen der gränz=
scheidung, der von beyden Republiken gemach=
ten eroberungen übereinzukommen. Die Wal=
lifer hätten gerne Thonon mit den Bernern
gemeinschaftlich befeffen, diefes wurde ihnen
aber abgeschlagen.

Mit Freyburg gab es streit, wegen dem gra=
fen von Gryers, der den Bernern nicht hul=
digen wollte, und in diefer widerspänstigkeit
von den Freyburgern unterstüzet wurde. End=
lich

lich stuhnden die Berner um friedens wegen, und auf fürbitte der Stadt Zürich und des französischen bottschafters, von diesem begehren ab, destomehr, da man verdrüßliche folgen befürchteu mußte, weil die 7. katholische Orte und der kayserliche gesandte an diesem geschäfte antheil nahmen. Sie liessen aber ihre ansprachen auf die Oberherrlichkeit der Graffschaft Gryers doch nicht gänzlich fahren, sondern behielten sich vor, die huldigung von seinen nachfahren zu fordern; daneben mußte er auch versprechen, sich nicht genauer zu ihrem nachtheil mit Freyburg zu verbinden, und alle ansprache auf Vivis aufzugeben.

Dessen ungeacht blieben noch einige streitige punkten übrig zwischen Freyburg und Bern, die aber den 18ten december auf folgende weise beygelegt wurden:

Die Ordensleute von Petterlingen sollten lebenslänglich die einkünfte vom convent geniessen, nach derselbigen abgang sollten diese einkünfte demjenigen von beyden ständen zufallen, hinter welchem sie gelegen seyen, und diejenigen, welche in den mediatländern waren, beyden ständen zugleich. Wyleroltigen bliebe der Stadt Bern, wie auch die güter der Abtey Petterlingen, der zehnden zu Stäffis aber der Stadt Freyburg, welche hingegen

gen ihre ansprache auf Romainmotier, St. 1536.
Legier, La Chiesa und Blonay fahren ließ. ═══

Hierauf wurden in das neueroberte Welschland amtleute bestellt: gen Jfferten Georg
zum Bach, gen Milden Hans Frisching,
gen Vivis Augustin von Luternau, gen Lausanne Sebastian Nägeli, gen Ger Hans
Rudolf von Erlach; und Michael Augsburger wurde zum ersten welsch sekelmeister erwählt.

Die Berner waren auch auf mittel und we- *Lausanne
ge bedacht, dasjenige klüglich zu erhalten, was *und Pe-
*terlingen
sie glüklich erobert hatten; und da sie wußten, *bekomen
daß die neigung der unterthanen die beste stü- *neue Ein-
*künfte.
ze des regenten ist, so trachteten sie der einwohner des Welschlandes ihre zu gewinnen,
und begabten in dieser absicht, die Städte Lausanne und Petterlingen, mit mehrern Einkünften.

Sie hätten auch gerne mit der Landschaft
Wallis zu gegenseitiger verpflichtung, einander das eroberte land beschützen zu helfen, einen besondern bund geschlossen; die Walliser
aber glaubten, die alten bünde seyen genugsam
dazu, und wollten es lieber bey selbigen bewenden lassen.

II. Theil    F    Zu

Zu Genf war beynahe das licht der Reformation wiederum erloschen, Calvinus und zween andre prediger, wurden wegen ihrem unerschrokenen eifer, zu beobachtung der guten sitten, der bernerischen fürbitte ungeacht, aus der Stadt verwiesen; Calvinus aber nachwärts sehr angelegenlich zurukberufen: so unbeständig sind manchmalen nicht nur einzele menschen, sondern ganze Republiken! der König von Frankreich hätte gerne die Genfer bewegen, sich in seinen schuz zu begeben. Die Stadt Bern aber bekam frühzeitig genug nachricht davon, und ließ ihnen durch den Eroberer des Welschlandes, und Jost von Dießbach ihre abgesandten, so kräftig die süssen früchte der freyheit vorstellen, daß die französischen insinuationen weiters nichts ausrichten konnten. Die Berner wollten den Hrn. von Mouchenu ihren Vasallen abstraffen, weilen er mit dieser sache umgegangen, wenn nicht der französische Abgesandte im namen seines Königs sich seiner angenommen.

Im jahr 1540. wurde das burgerrecht zwischen der Stadt Bern und den landleuten des Münsterthals erneueret; hingegen entstuhnde zwischen Bern und Genf einiger streit wegen den angränzenden Herrschaften, der aber, obwohlen gerne etliche benachbarte öl ins feuer gegossen hätten, dennoch glüklich gehoben

hoben wurde, weilen die wohlgemeynten bür- 1541.
ger beyder Städte gar wohl begriffen, wie
viel die zweytracht ihnen schaden könnte. Darauf wurde das burgerrecht wiederum zwischen
diesen alten Bundsgenossen beschworen.

Kaum war dieses vorüber, so erhub sich
ein neuer streit zwischen Michael Grafen von
Griers, und der Stadt Bern.

Der junge Graf weigerte sich, so wie sein *Streit*
verstorbener vater, zu huldigen, und forderte *mit Mi-*
*chael graf*
bedenkzeit sich darüber zu entschliessen: diesel- *v. Griers.*
bige wurde ihm zwar bewilliget, mit beygefüg-
ter drohung aber: daß, falls er die bestimmte
zeit würde verfliessen lassen, man alsdenn,
der eingelangten kayserlichen fürbitte ungeacht,
wider ihn, als einen widerspänstigen Vasallen,
verfahren werde.

Um diese zeit beschlossen die Städte Bern *Das*
und Freyburg den siz eines Landvogts von *Schloß*
*grasburg*
Graßburg, weilen das schloß abgelegen und *wird öde*
baufällig war, nach Schwarzenburg zu ver- *gelassen.*
legen. Grasburg war einsten ganz von seiten
Freyburg der Stadt Bern abgetretten worden;
die Berner aber müssen hernach wieder den
Freyburgern bewilliget haben, diese Herr=
schaft gemeinsamlich mit ihnen zu besizen.

F 2                    Sech=

# Sechszehntes Buch.

## Inhalt des sechszehnten Buchs.

Im

Im jahr 1542. that der franzöſiſche bott-
ſchafter Herr von Boiſrigault, den Städten Bern und Solothurn, den Antrag, ſeinem
König, gegen verpfändung der Grafſchaft
Neuenburg und Genevois 200000. Cr. zu
leihen, und ſamt den Walliſern ihm zu helfen, das Augſtal einzunehmen. Ferners
begehrte er auch den paß vor 1500. Eydgenoſſen, die er in die veſten pläze von Piemont
verlegen wollte; er vermeldete, es ſeye noch
kein anſchein zum frieden, und deswegen er-
fordere das gegenſeitige beſte, daß Bern mit
ſeinem König veſte zuſammen halte. Die dar-
leihung wurde abgeſchlagen, der paß vor die
eydgenößiſchen knechte endlich bewilliget, und
die eroberung des Augſtals aberkennt.

Antrag
des Kö-
nigs in
Frankr.

Die Freyburger ſchikten damals 6. deputierte nach Bern, zu gunſten des jungen Grafen von Gryers, daß ihm die huldigung möchte nachgelaſſen werden. Es wurde eine konferenz an der Senſe angeſtellt, dahin ſich verordnete ſchiedsleute von Zürich, Luzern, Schweiz
und Baſel verfügten, welche aber nichts aus-
würkten, und ſich deswegen begnügten, die Berner zu ermahnen, nichts feindſeliges wider Freyburg vorzunehmen. Dieſes geſchäft wäre allem anſcheine nach bald verdrüßlich geworden,
wenn ſich nicht endlich der Graf bequemt hät-

Freyburg
nihmt ſich
das Gra-
fen von
Gryers
an.

te

1542. te vor Bourjoud und Aubonne die huldigung
zu thun, womit sich die Berner unterdessen zufrieden stellten.

Der Kayser war übel zu sprechen, über die
Berner, daß sie seinem bundsgenossen das
Welschland, ungeacht, seiner öftern interceßion
weggenommen; leztere aber besänftigten ihn zum
theil doch damit, daß sie kräftig vor die Grafschaft Burgund, die ihm zugehörte, sich ins
mittel legten, so oft der König in Frankreich
selbige anzufallen sich gelüsten ließ.

1543. Die von Hasli hielten im jahr 1543. bey
der Obrigkeit an, daß ihnen nicht, ihren alten
Begeh-freyheiten zuwider, wie seit ihrem ungehorsam
ren derer bisdahin zur straffe geschehen, ein amtmann
von Has-aus der stadt gegeben werde. Dieses begeh-
li. ren aber wurde zurukgewiesen, weil man
noch sehr unwillig über sie war.

Damals verlangte man auch von etlichen
Cantonen und Verbündeten, von seiten des
Reichs, daß sie an den Reichssteuern ihren
antheil bezahlen, weil sie ausgelassen hätten,
ihre hülfskontingenter wider die Türken zu schiken. Sie wollten sich aber keineswegs dazu
verstehen, noch bereden lassen.

Freybur- Die Freyburger schikten einen Rathsgesand-
gis. An- ten nach Bern, um diesem Stand zu eröfnen,
trag we- wie,
gen Neu-
enburg.

wie daß ihnen die Grafschaft Neuenburg zum 1543.
kauf angetragen worden, mit vermelden: daß,
falls sie selbige nicht annehmen würden, so
werde man den Städten Bern, Luzern und
Solothurn, den gleichen antrag thun; sie
aber seyen zu diesem kauffe, falls die Berner
selbigen mit ihnen thun wollten, geneigt.
In Bern aber hat man diese sache genauer
untersucht, und das instrument, so den Freyburgern eingehändiget worden, gar nicht au-
thentisch befunden; da wurde dieses geschäft
abgewiesen, destomehr da der Herr von Pren-
gin, Gubernator von Neuenburg, und Claude
Balliod, Vogt an der Zill, die validität dieses Antrags läugneten, mit beyfügen: daß,
wann die Gräfin diese absicht gehabt, sie selbige dennoch zum nachtheil ihrer kinder nicht
befügt seye zu vollbringen. Den Bernern lage dieser kauf destoweniger am herzen, weilen
sie in kriegesläufen dem inhalt des burgerrechts gemäs, auf den zuzug der Neuenburger,
wie auf den zuzug der unterthanen, zehlen konnten, und auch in andern punkten, mit ihnen
in einer genauen verbindung stuhnden. Sie
bezogen von den Neuenburgern das burger-
oder udelgeld; In allen streitigkeiten, die sich
zwischen den grafen, pröbsten, kapiteln und
burgern erhuben, war der Rath zu Bern
Richter und Urtheilsprecher: und etliche bürger

1543. ger und grafschaftsleute waren an den Fron-
fastgerichten gehorsam zu seyn verbunden.
Davor war den Bernern leicht alte und neue
briefe und siegel aufzuweisen; auch wurden
ihnen jeweilen ihre rechte vorbehalten, sowohl
durch die 11. Cantonen, welche die Grafschaft
Neuenburg eine zeitlang innen gehabt, als
nachwärts durch die Herzogin von Longueville.

Um diese zeit bewilligte die stadt Bern dem
König in Frankreich den paß, vor die eydgenößischen knechte, die in die Picardie ziehen
sollten, mit dem vorbehalt: daß sie nicht
durch Lausanne den weg nehmen, weil an
einem solchen durchmarsch die dortige burgerschaft beleidiget worden; und sollen auch nicht
die fahnen aufrechts tragen, geschweige dann,
sich der trommeln und pfeiffen zu bedienen.

1544. Im folgenden jahre 1544. vernahm man
durch einen brief von Anthoni Weyermann,
Landvogt zu Morsee, den sieg, welchen die
Franzosen in Piemont über die Kayserlichen
erfochten, und zu welchem die Eydgenossen
durch ihre tapferkeit auch beygetragen. Den
Bernern war viel daran gelegen, daß die
Franzosen die oberhand behalten hatten, weilen sie sonst der Kayser vielleicht hätte nöthigen können, dem Herzogen von Savoy, das
eroberte Land zurük zugeben.

Man

Man war zwar über gemeldeten sieg erfreut, 1544.
aber zugleich doch unwillig, daß ihnen der
König in Frankreich das Welschland im frieden mit Savoyen, zu garantieren, nicht versprechen wollte, deswegen schlug man etlichen landsknechten, die in Frankreich ziehen
wollten, den paß ab; obwohlen der schultheiß Flekenstein von Luzern, und der vogt
auf der Mauer von Schweiz, im namen von
11. Cantonen nach Bern kamen, um die
Obrigkeit mit vorstellungen zu gewinnen, aber
es war umsonst, sie blieb einmal bey ihrem
vestgefaßten entschluß.

Im jahr 1545. wurde der vortrag ge- 1545.
than, ob es nicht gut wäre, die eydgenößischen bünde wieder zu beschweren; die evan- Die Eyd-
gelischen und kathol. Orte aber, konnten we- genossen
gen einer neuen formul nicht übereinkom- wollen
men. Bern konnte auch nicht erhalten, daß die Waat
das Welschland in den schuz einbegriffen wur- nicht in
de, zu welchem sich die Cantone, in ansehung schuz neh-
ihrer gegenseitigen länder und herrschaften, ver- men.
pflichtet hatten.

Ein gerücht, das damals sich ausbreitete,
daß 3000. Spanier die Stadt Genf zu überfallen vorhabens seyen, erwekte einen ziemlichen schreken zu Bern, man warnete durch
deputierte die Genfer auf ihrer hut zu seyn,

1545. und schikte gesandte nach Freyburg und Wallis, denen an beyden orten freundlich begegnet und verheissen wurde, was die bünde und die bürgerrechte vermöchten, getreulich zu halten; auf allen fall hin, erkennte man auch zu Bern 1000. mann nach Genf zu verlegen, und 400. mit dem panner auszusenden, parat zu halten.

Vergleich zwischen Bern und Soloth. wegen Langnau und Gränichen.

Um diese gleiche zeit verglichen sich die Städte Bern und Solothurn wegen dem zehnden zu Langnau und Gränichen, wegen dem hochgericht an der Sikeren und andern geringeren punkten.

1546. Im jahr 1546. wurden die Evangel. Eydgnossen zum tridentinischen Concilio eingeladen, sie weigerten sich aber zu erscheinen; anderseits wurden sie auch dem schmalkaldischen Bunde beyzutretten vergeblich angelokt. Die Berner aber fanden gut einem verständigen mann aufzutragen, sich zu den schmalkaldischen Bundsgenossen zu verfügen, und in der nähe ihres lagers sich aufzuhalten, um fleißigen und genauen bericht von den begebenheiten dieses bedenklichen krieges zu haben. Diese kommißion wurde dem edlen Ritter von Hallweil aufgetragen, welcher ihr burger, zu Brugg säßhaft, und ein fürsichtiger, gelehrter, und seiner Obrigkeit getreuer mann war.

Mit

Mit dieser vorsicht begnügte man sich zu 1546. Bern nicht, sondern der Landvogt zu Iferten Peter von Graffenried zog mit etwas reuterey und fußvolk an die burgundischen gränzen, um den italiänischen und spanischen völkern, die in der Grafschaft sich versammelt, den paß zu versperren, falls sie einbrechen wollten; über dieses mißtrauen beschwerte sich der königliche Schazmeister Mouchet, und versicherte sie der fortsezung einer guten nachbarschaft.

Die Berner aber beschlossen nichts desto weniger ein heer von 10000. mann fertig zu halten, welches der Schultheiß Hans Jakob von Wattenweil, und unter ihm Wolfgang von Weingarten kommandieren sollten. Hr. Stettler meldet, es seye ein würklicher auszug erfolget, fügt aber nicht hinzu wohin, und was vor eine beschaffenheit es damit gehabt.

In diesen verwirrten umständen hätten die evangelischen Orte gerne wissen mögen, wie die katholischen Eydgnossen gesinnet seyen, konnten aber keine deutliche antwort bekommen.

Da manchmalen die freundschaftlichsten gesinnungen übel ausgedeutet werden, so liessen sich auch damals ein theil von der burgerschaft von Genf bereden, es hätten ihnen die Berner nicht sowohl zu ihrer beschüzung als zu

Mißtrauen der Genfer gegen Bern.

ihrer

1546. ihrer unterdrukung eine besazung zugeschikt, diesen wahn zu benehmen, und das vertrauen wiederum herzustellen, wurden der Altschult-heiß Nägeli, und Anthoni Tillier als gesandte dahin geschikt. Man schikte auch von Bern aus Rathsbotten in die landgerichte, und hin und wieder in die vogteyen, um die unter-thanen zu beobachtung des mandats, betreffend die pensionen und die verbottenen reisen in fremde dienste zu vermahnen, wie auch sich in gegenwärtigen mißlichen umständen stäts zum auszug fertig zu halten.

1548.

Constanz verliert seine Frey-heiten.

Bisdahin war Constanz eine freye Reichs-stadt geblieben; als sie aber das Interim nicht annehmen wollen, fiel sie in des Kaysers un-gnade, und wurde montags den 6ten august von den kayserlichen völkern überfallen, sie wehrte sich aber tapfer, trieb die feinde von ihren thoren weg, und rufte die Zürcher und Berner um hülfe, welche sich auch ganz wil-lig erzeigten; das bernerische geschüz hatte man bis gen Königsfelden gebracht, 1000. mann sollten mit einer fahne, und 6000. mit dem panner ausziehn. Die Constanzer hatten auch eine ordentliche besazung von freywilligen eyd-gnößischen knechten zusamengebracht. Die ka-tholischen Orte aber wollten sich ihrer nicht annehmen, sie hätten denn zuvor das Interim unterschrieben, und bewogen sie endlich dazu;

der

der römische König Ferdinandus aber hatte 1548.
einmal beschlossen, diesen schlüssel von der
Schweiz in seiner gewalt zu haben, und brachte es durch geheime bestechungen so weit,
daß diese gute stadt ihre Freyheit endlich fahren liesse.    Dergleichen begebenheiten thun einem Geschichtschreiber, der empfindungen hat,
weh zu erzehlen.    Man muß sich beydes über
die burger verwundern, die, nachdem sie die
süssen früchte der freyheit genossen, einen Ober-
herrn dulden können;    und über die Eydgenossen, die diese bedenkliche veränderungen geschehen lassen.

Lezterer aufführung kam so unbegreiflich vor,
daß das gerücht ergieng, es hätten die 5.
Orte Luzern, Ury, Schweiz, Unterwalden-
und Zug, von dem hause Oesterreich geld
empfangen; diese beschuldigung abzulehnen,
und die gesinnungen der evangelischen Orte,
in ansehung des Concilii zu vernehmen, schikten sie ihnen bottschaften, denen man zur antwort gab: man werde die schlüsse eines rechtschaffen freyen Concilii willig annehmen, indessen aber bey den gutgeheissenen glaubens-
artikeln vest verbleiben.

Die Berner schikten auch Rathsgesandte
in die länder, und zu den Städten Freyburg
und Solothurn, um zu vernehmen, ob die Eydgenossen

1548. genoſſen ihnen allenfalls das Welſchland beſchü-
zen zu helfen geſinnet ſeyen ; und ſie kamen
mit vergnüglicher. antwort , ſonderheitlich von
ſeiten der beyden ſtädte, nach hauſe.

Die Stadt Bern bekam damals verdrüßliche geſchäfte, wegen der entführung einer jungen burgundiſchen Gräfin von Varas, durch
ihren Vaſallen den Freyherrn von Roll , der
ſich hernach zu ſeinem vetter dem Grafen von
Gryers flüchtete; nicht nur kamen geſandte
von ſeiten der Grafſchaft, ſondern auch von
ſeiten des Kayſers, ſich über dieſe gewaltthätigkeit zu beklagen. Doch wurde zulezt dieſe
ſache gleichſam in vergeſſenheit geſtellt.

Gemeldter Graf von Gryers hatte eine
ziemlich ſtarke geldanforderung an den König
in Frankreich, wegen rukſtändigem kriegesſold,
vor ſich und ſeine grafſchaftsleute; der König
aber weigerte ſich ihn zu bezahlen , unter dem
vorwande : er habe ſich mit den ſeinigen zu
Seriſola in der ſchlacht nicht wohl verhalten.
Umſonſt ſchikten die Städte Bern und Freyburg, dieſen ihrem mittburger zu gunſten eine bottſchaft an den König, und entſchuldigten ſeine aufführung, indem er der obermacht
der feinde hätte weichen müſſen. Sie konnten jedoch nichts vor ihn ausrichten.

Zu

Zu ende des jahres 1548. verlangte der 1548.
Herzog von Savoy, von der Stadt Bern,
daß man ihm das Welschland wieder zustellen sollte.

Im folgenden jahre erneuerten die 11. Or- 1549.
te der Eydgenoſſenſchaft, den alten bund mit Bundser-
Frankreich, dem etliche neue artikel beyge- neuerung
fügt wurden.　Zürich und Bern aber woll- zwiſchen
ten nicht beytretten.　　　　　　　Frankr.
und den
11. Cant.
In Wallis erhub ſich eine ſtarke unruh Unruh
wegen der franzöſiſchen vereinigung, und etli- in Wallis.
che orte der Eydgenoſſenſchaft, hatten mühe den
frieden wiederum herzuſtellen. Von Bern aus
wurden Anthoni Tillier venner, und Clado
May des raths, dahin geſchikt.

Zu ende des jahres 1549. kam ein englän- Ein Ge-
diſcher geſandter nach Bern, der im namen ſandter
vom Kö-
ſeines Königs Eduardi, die Republik ver- nig in
mahnte, bey der evangeliſchen Religion veſt zu England
verbleiben, und falls ein allgemeines freyes kommt
nach
Concilium plaz haben könnte, alsdenn mit Bern.
den übrigen Evangeliſchen, in anſehung des
einzugebenden glaubensbekenntniſſes übereinzukommen.

Um dieſe zeit begaben ſich 2. gebrüdere von
Wattenweil in kayſerliche dienſte, und ſezten ſich
hernach, mit verlaſſung ihres burgerrechts in Burgund

1550 gund nieder. Sie waren Jakob von Wattenweil, des schultheißen söhne, und ihre nachkom-
menschaft blüht noch heut zu tage in Burgund.

In Bündten gab es auch, wie hievor in
Wallis, einen streit, wegen der französischen
vereinigung. Von Bern aus wurde Niklaus
Schwinkhart des raths, deswegen dahin geschikt. Die übrigen mit Bündten vereinigten
Cantonen, halfen auch zu wiederherstellung
der einigkeit.

Im gleichen jahre veränd erten Brn und
Neuenburg ihr burgerrecht, und der neuerwählte Papst Julius, schrieb den gesamten
13. Cantonen, um sie zu bewegen, das Concilium zu besuchen, und nachwärts seine schlüsse
anzunehmen, welches er zu Trident fortzusezen gesinnet wäre. Die Evangelischen, von
denen man sonderheitlich eine antwort begehrte, liessen sich verlauten: sie haben aus guten
gründen das bisherige Concilium nicht vor
gültig gehalten, falls es aber künftig auf recht
freyem fuß sollte gehalten, und alles in den
seßionen aus der H. Schrift erörtert werden,
so tragen sie alsdenn kein bedenken, einer solchen kirchenversammlung gehorsam zu seyn.

1551. Der französische und der kayserliche gesandte, trachteten wechselweise, die Eydgenossen einander abwendig zu machen. Leztere
komm-

konnten es nicht dahin bringen, daß die bün-  1551.
de wiederum beschworen wurden, weilen es
beständigen streit gab, wegen einer neuen
eydformul, indeme die Evangelischen aus der
alten formul die Heiligen auslassen wollen.

Die neue marchsezung zwischen der Fran-
che - Comte und dem Welschland gieng
mit minderer mühe von statten; von seiten
Bern wurde dieses geschäft Jakob Tribolet
altvenner, und dem sekelmeister Hans Steiger aufgetragen.

Zu ausgang des jahres ließ der Herzog Schrei-
von Nemours der Republik Bern zu wissen ben des
thun, wie ihme, als erben des Herzogen von Neuenb.
Longueville, die graffschaft Neuenburg zugefal-
len, und wie er wünschte und begehrte, ihr
guter freund und nachbar zu seyn; es wurde ihm höflich gedankt und auch eine gute nachbarschaft anerbotten.

Im jahre 1552. wurde zwischen dem Kay- 1552.
ser, als Herzogen von Mayland, und den 13.
Cantonen ein neues Capitulat aufgerichtet, Maylän-
dessen inhalt aber mehr zu einer Eydgnößischen, disches
als zu einer Bernerhistorie gehört.

Damals wurde die Stadt Bern vom Gra- Antrag
fen von Griers gebeten, ihme geld zu leihen, des Gra-
damit er seine schuldner, wenigstens die, so fen von
  II. Theil.   G       ihn

**1552.** ihn am meisten bedrängten, abzahlen könne, und erhielte 2000. Cr. womit er seine kleinodien auslößte, die er um 500. Cr. zu Freyburg verpfändet hatte, und selbige zu Bern hinterlegte; den antrag aber seiner grafschaft zum kauf, wollten sie vor sich besonders nicht annehmen, weil solches den verträgen zuwider gewesen wäre, welche sie vorläufig deshalben mit den Freyburgern geschlossen. Deßwegen unterredeten sich die gesandten beyder Städte wegen diesem kauf mit Graf Michael; der ausgang davon wird hernach folgen.

# Siebzehntes Buch.

## Inhalt des siebzehnten Buchs.

ten

ten um Hülfe. Die Obrigkeit zu Bern ſchlägt
es ab. Sie bekommen etliche Freycompagnien.
Der franzöſiſche Hof klagt darüber. Sie werden heimberuffen. Unruh im Wallisland.
Vergebliche Conferenz zu Baſel wegen dem
Welſchland. Ungleiche Geſinnungen darüber
zu Bern. Man nihmt endlich einen Schluß.
Die Cantone mißbilligen denſelben. Neue
Propoſition des Herzogen. Bern läßt etwas
von ſeinen Forderungen nach. Schlägt eine
Vereinigung mit Frankreich ab. Nihmt ſel-
bige nachwärts an. Mißfallen der Geiſtlich-
keit darüber. Conferenz zu Neuß mit Savoy.
Der Friede wird geſchloſſen. Betrachtungen
darüber. Geſinnungen der Unterthanen, be-
langend die franzöſiſche Vereinigung. Die
Stadt Genf iſt in mißlichen Umſtänden. Ein
Bund mit Spanien wird ausgeſchlagen. Die
Salzquelle zu Aelen wächſt an. Wallis und
Freyburg ſchlagen den Bernern eine defenſi-
ve Allianz ab. Die Cantone wollen der
Stadt Bern nicht bewilligen, eydgenößiſche
Soldaten zur Beſchirmung des Welſchlandes
anzuwerben.

Dieſes Buch geht von 1553. bis 1568.

---

1553.
——
Streit
wegen
des Gra-
fen von
Gryers
herſchaftē

Die Berner hatten, wie erſt gemeldet, mit
den Freyburgern aufrichtig gehandelt,
und den traktaten gemäs, ohne ihre mitſtimmung, dem Grafen von Griers nichts ablauf-
fen wollen; die Freyburger hingegen trachteten

ten den Grafen zu gewinnen, nahmen als 1553.
seine gläubigere mit seiner genehmigung, die
Herrschaft Corbers in besiz, so ihnen mit etwas sonderbarer pfandschaft eingesezt war,
und unterstuhnden sich auch, durch ihre amtleute zu Rue und Romont, mit 2. kommissa-
rien das schloß und herrschaft Oron und Palesieur unter sich zu bringen. Es widerstuhn-
den ihnen aber der Castlan und etliche der
ehrbarkeit, und das veste schloß Oron wurde
hierauf den ersten christmonat, damit es die
Freyburger nicht etwa mit gewalt an sich reissen, von Simon Wurstemberger Landvogt
zu milden, und Simon Störchli Amtmann
zu Erlach mit einer besazung versehen, kraft
der zwischen den alten grafen und der Stadt
Bern gemachten verträgen.

Dieses hätte leicht einen verdrießlichen handel geben können, man kam aber endlich
überein, dem Grafen einen termin von vier
monaten, zu tilgung seiner schulden zu gestatten, und indessen mußten die Berner Oron
und Palesieur, und die Freyburger Corbers
wieder fahren lassen.

Die von Sanen stellten vor, daß sie von
den Grafen von Griers bis ans Malefiz ge-
freyet seyen, und begehrten, falls sie in fremde
hände

Begeh-
ren der
Land-
schaft
Sanen.

G 3

hände fallen sollten, daß man sie bey ihren
freyheiten bleiben lasse.

1554.    Nach verflossenem termin der 4. monaten,
wenn der Graf indessen nicht bezahlen würde,
so sollten 4. richter und ein obmann die sache
richtig machen; obmann sollte seyn, der landamman zu Uri, beysizer von seiten des Grafen Gilg Tschudi von Glarus gewesener landvogt zu Baaden, und Alexander Meyer Burgermeister von Schafhausen; von seiten der
Gläubigeren, Georg Reding Landammann
zu Schweiz, und Urs Suri Schultheiß zu
Solothurn.

Neuen-
burgische
Händel.    Hierauf bekam die Obrigkeit zu Bern neue
beschäftigungen wegen der Grafschaft Neuenburg; es war der Herzog von Nemours, und
die Marggräfin von Rötelen, im namen ihres
söhns, nach absterben des Herzogen von Longueville als die nächsten erben vor dem
höchsten gericht zu Neuenburg, in besiz der
Grafschaft gesezt worden; dawider protestierte
die Königin von Schottland, des verstorbe-
nen Herzogen mutter, und citierte die Marggräfin gen Paris, welches der König in Frankreich auch geschehen liesse. Nach wiederholten vorstellungen aber, von seiten Bern, daß
diese von dem Parlement zu Paris vorgenom-
mene procedur den rechten der Grafschaft
und

und den verträgen zwischen der krone Frank- 1554.
reich und der Eydgenoſſenſchaft zuwider lieſſe, lieſſe der König ſelbiger inhalt thun.

Indeſſen wurde der Graf von Gryers wie- Die
derum von ſeinen ſchuldnern getrieben, und graffſchaft
bey dieſem anlas auf einer konferenz zu Frey- komt an
burg, nach verworfenem vorſchlag der obgemeld- Bern und
ten rathsverordneten, von beyden ſtädten, Bern Freyburg
und Feryb., der entſchluß genommen, die Grafſchaft zu ihren handen zu ziehn, und nach gemachter ſchazung unter ſich zu theilen, ſo, daß Theilung
die Berner das land ob der Boken, und die davon.
Freyburger das land unter der Boken bekommen, und die übrigen gläubigere befriedigen
ſollten.

Die Gräfin übergab vor ihrer abreiſe in Die Ber-
Burgund die ſchlüſſel vom ſchloß Oron Wolf- ner neh-
gang von Erlach, der ſelbiges im namen ſei- men Oron
ner Obrigkeit in beſiz nahm, und mit ei- in beſiz.
nem halb dozend redlicher männer, als einer
kleinen beſazung bewachen ließ. Die Gräfin bekam hierauf eine ſchöne verehrung an
getreid. Auf dieſe weiſe gab der gute Graf
von Gryers ein neues beyſpiel ab, mit was
vor elenden folgen eine thörichte verſchwen-
dung begleitet iſt.

Um dieſe zeit wurde die Salzquelle zu Pa- Entde-
nex in der Kirchhöre Olon und Amt Aelen ung der
ſalzquelle
G 4 gefun- zu Panex.

1554. gefunden, und Niklaus von Graffenried gab sich grosse mühe, aus dieser entdekung nuzen zu ziehn.

Diese Salzquelle wurde hernach seinem sohn dem venner Hans Rudolf von Graffenried, vor zehn jahre lang hingeliehen, und ihm die nöthigen gebäude aufzurichten, und die behörigen sachen anzuschaffen bewilliget. Also brachte er mit hülfe Caspar Seelers von Augsburg dieses salzwerk zu stand.

1555. Im jahre 1555. wurde endlich der tractat wegen der Grafschaft Gryers richtig gemacht. Diese Grafschaft kostete die Städte **Bern und Frey-burg nem-men die v. Griers in Huldi-gung auf. Unruh zu Sa-nen.** Bern und Freyburg 85000. Er. sie theilten sie auf obgemeldte weise unter sich, und nahmen hierauf die unterthanen in huldigung auf. Zu Sanen hatte man mühe die einwohner zu annehmung eines neuen Landesherren in der freundlichkeit zu bewegen; Hans Rudolf von Graffenried altvenner, wurde zum ersten amtmann dahin bestellt.

Der unwillen aber brach bald wieder aus, und es wurden der altschultheiß Nägelin, Wolfgang von Weingarten, und Ambrosi Imhof dahin abgeschikt, um die neuen unterthanen zum gehorsam zu vermahnen, die anstifter zu straffen, und mit hülfe der ehrbarkeit eine landesordnung aufzurichten.

Man

Man verordnete auch 8000. mann zum 1555.
auszug mit dem panner, weilen ein gerücht
gieng, daß der Kayser des leztlich verstorbe-
nen Herzogen von Savoy seinen sohn und
erben in sein Herzogthum wieder einsezen wolle, um allenfalls das Welschland vor einem
einfall zu bedeken.

Im jahre 1556. wurde Hans Steiger 1556.
sekelmeister, der die ansprache der Unterwaldner auf die Herrschaft Oron, die von geliehe- Oron.
nem geld herkam', an sich gekauft, im namen
der Stadt Bern von Wolfgang von Erlach,
und dem landvogt von Milden, als Freyherr
dorten installiert, und verkaufte hernach diese Baronie der Obrigkeit, welche das schloß
dem schafner vom kloster Aukret zu bewohnen
gab, Oron und Aukret vereinigte, und nachwärts noch die Herrschaft Palesieur hinzuge-
than, davon das schloß, wie aus dem vielen
alten gemäuer zu urtheilen, gar namhaft eh-
malen soll gewesen seyn.

Im gleichen jahre ließ der junge Herzog Bern
von Savoy die Stadt Bern ersuchen, ihren will das<br>Augstal
schirm dem Augstal auf gleiche weise, wie der nicht in
Grafschaft Burgund zu vergönnen, welches Schirm
aber wegen der entlegenheit bedenklich schien, aufneh-<br>men.
und desto eher abgeschlagen wurde, weil we-
gen der abtrettung des Welschlandes an Bern,

G 5                                        der

**1556.**

der Herzog sich noch zu nichts entschlossen hatte.

**Streit zwischen Biel und dem Bischof von Basel.**

Die Bieler hatten unlängst die Herrschaft Erguel vom Bischof von Basel gekauft, weil aber die unterthanen diese neue Landesherren gar nicht annehmen wollten, so wurde der kauf aufgehoben; darüber wurden die Bieler erboßt, und wollten nunmehro nicht nach gewohntem gebrauche huldigen, man hätte ihnen denn zuvor ihre freyheiten bestätiget, die herrschaftsleute von Erguel in den eyd mit ihnen begriffen, und unter ihren stadtpanner gelegt. Es hatten aber die von Erguel seither mit Solothurn ein burgerrecht aufgerichtet, und sich auch gegen den Bischof widerspänstig erzeigt, deswegen schikte man den Bielern zu gunsten, obwohl man sie anfänglich zum gehorsam gewiesen, eine bottschaft gen Solothurn, und ließ den dortigen Magistrat bitten, die von Erguel nicht abzumahnen, falls sie willig seyen, unter der Stadt Biel panner zu schweren.

**1557.**

**Erneuerung des Burgerrechts mit Neuenburg.**

Wegen fortsezung des burgerrechts mit Neuenburg gab es einigen anstoß, weil der Herzog von Nemours, der besizer der halben Grafschaft, als französischer Vasall den König vorbehalten wollte; als man aber zu Bern auch darein gewilliget, wurde den 5ten jenner 1557.

von

von klein und grossen Räthen zu Bern, dem 1557. Fürsten und der Stadt geschworen, mit dem beding: daß, da hievor ein urtheil ergangen, daß die Grafschaft wieder unter einen einzeln Fürsten kommen sollte, man die anstallten vorkehre, daß solches in das werk gerichtet werde. Hieneben ward auch denen von Neuenburg das burgerrecht mit Freyburg und Solothurn zu erneuern und zu beschweren bewilliget.

Um diese zeit erkennten endlich Räth und burger zu gunsten der Landschaft Hasli, es sollten inskünftig der landamman und landsvenner in dem Lande Hasli erwählt, jedoch in der Stadt Bern bestätiget und beendiget werden; die Fünfzehner aber im Lande Hasli vollkommen besezt, und ihre namen dem Rath zu Bern zur approbation vorgetragen werden, mit vorbehalt des Rechts diese befreyung zu vermehren, zu vermindern, oder gänzlich wieder aufzuheben. *Die von Hasli bekommen mehrere privilegia*

Den Waldensern zu gunsten schikte man von seiten der 4. evangelischen Orten eine Gesandschaft in Frankreich; von Bern gieng Clado May, sie wurden höflich empfangen, und die wider diese armen verfolgten glaubensbrüder ergangene urtheil, vor dieses jahr aufgeschoben. *Gesandschaft zu gunsten der Waldenser.*

Da-

1557.

**Vertrie-**
**bene Eng-**
**länder**
**kommen**
**in die**
**Schweiz.**

Damals kamen viele Engländer in die
Schweiz, die von der Königin Maria ausge-
trieben worden, und suchten in den evangelischen Cantonen unterschlauf; nur zu Arau
und Vivis wurden bey 25. haushaltungen
angenommen.

**Erbeini-**
**gung mit**
**Oester-**
**reich er-**
**neuert.**

Noch in diesem jahre wurde von allen
Orten der Eydgenossenschaft, ( ausgenommen
Basel, ) die Erbeinigung mit dem Hause Oesterreich, nach ihrem alten inhalt bestätiget,
und zu diesem ende in der 12. Cantonen nahmen 4. rathsgesandte von Zürich, Bern, Luzern, und Ury in Burgund geschikt.

**Vergleich**
**wegen**
**der Graf-**
**schaft**
**Neuen-**
**burg.**

Es kam auch wegen Neuenburg ein vergleich
zum stand, kraft dessen die Marggräfin
von Rötelen, im namen ihres sohns, dem
Herzogen von Nemours vor alle seine ansprache an die Grafschaft Neuenburg 2000.
franken jährlicher einkünfte an herrschaften
und gütern, in der grafschaft Burgund gelegen, zukommen lassen, und die 4000.
sonnenkronen, welche der Herzog bey einse-
tzung gemeldter grafschaft aufgebrochen, zu
halbigem theil auf sich nehmen sollte; also
gelangte die Marggräfin zu völligem besitz von
Neuenburg. Dieser vergleich wurde zu Bern
gemacht, dann die Berner protestierten dawider, als man die partheyen vor gemeine
Eyd-

Eydgnoſſen weiſen wollte, weilen dieſes dem 1557.
ewigen burgerrechte nachtheilig wäre, kraft
deſſen ſie über dergleichen ſtreitigkeiten zu richtern geſezt ſeyen. Den 29ten november
1557. ſchikte der Herzog von Savoy die
grafen von Chalant und Arignan gen Bern,
um die erneuerung der vorigen zwiſchen Savoy und Bern vorhanden geweſenen bünde
zu bewirken, und zugleich wegen andern ſachen zu handeln; es wurde aber dieſer vortrag höflich abgelehnt.

Die Städte Bern und Genf hatten wegen
gefaßtem unwillen der Genfer ihre freundſchaft
ein wenig verkalten laſſen; hierauf wurden
ſie, anfänglich von den Städten Baſel und
Schafhauſen, nachwärts aber von allen Cantonen vermahnt, zu gemeinem beſten und
aus wichtigen gründen frieden zu machen,
und ihr burgerrecht zu erneuern, dieſes wirk-
te ſoviel, daß 3. geſandte vom kleinen und
3. vom groſſen rath zu dieſem ende nach Genf
geſchikt wurden, und den 9ten jenner 1558. 1558.
wurde ſelbiges zu Bern in beyſein der geſandten von Genf beſchworen.

Man hat in dieſem jahre den Hauptmann
Gebhart von Luzern, den Hauptmann Heinrich, und den Hauptmann Anthoni zur Lau-
ben von Schweiz, welche eine anzahl Ber-
neriſcher

*(Randnotiz:)* Burgerrecht zwiſchen Bern u. Genf erneuert.

**1558.** nerischer unterthanen im durchreisen auge-
worben, zu Ternier mit arrest belegt, und
hernach, ohne zweifel aus achtung vor die
Cantone, von welchen sie gebürtig waren,
wieder auf freyen fuß gestellt.

Wir haben oben gemeldet, daß ganze
haushaltungen wegen der Religion aus Engel-
land waren vertrieben worden, und in der
Schweiz sich niedergelassen; als aber ihre
verfolgerin die Königin Maria gestorben, und
die Königin Elisabeth ihre schwester den thron
bestiegen, so nahmen sie wieder abscheid, und
kehrten in ihr vaterland zurük.

**1559.** Die Eydgnossen liessen damals durch 2.
gesandte den Kayser um die bestätigung ihrer
freyheiten ersuchen, welches sie auch gnädig
erhielten; dieser bestätigungsbrief wurde ins
schloß Baaden in verwahrung gelegt.

*Savoyi-
sche Sa-
chen we-
gen dem
Welsch-
land.* Indessen fiengen die zeitumstände vor die
Stadt Bern an bedenklich zu werden; Spanien, Frankreich und Savoyen hatten sich mit
einander ausgesöhnt, und der Herzog von Savoy liesse durch eine bottschaft die Eydgenossen
ersuchen, sich mit ihme wegen dem von den
Städten Bern und Freyburg eingenommenen
Welschland in traktaten einzulassen; etliche
Cantone, und sonderlich die katholischen, die
über diesen zuwachs der bernerischen macht
eifer-

eiferſüchtig waren, hätten vielleicht nicht un- 1559.
gerne geſehn, daß dieſe landſchaft wieder an
Savoyen gekommen wäre, Frankreich hatte
kein beſonders intereſſe die Berner bey dieſer
neuen beſizung zu ſchüzen, und wegen dem
unerwarteten tode des Königs, der in einem
Turnier umgekommen, nicht zeit genug, an
auswärtige ſachen zu denken. Daneben hatte der Herzog eine franzöſiſche Princeßin ge-
heyrathet, wenn unter fürſten die verwand-
ſchaft etwas zu bedeuten hätte, und Spanien
war ihm als einem getreuen hülfsgenoſſen
während dem krieg nach geſchloſſenem frieden
nicht minder gewogen. Der adel, der allezeit unter einem fürſten mehr vorzug genießt,
als in einem freyen ſtaate, war noch allzeit
wenigſtens zum theil, dem hauſe Savoyen geneigt; in dieſen umſtänden mußte man alles
in obacht nehmen, der Hr. von Olulin, der
in der Vogtey Thonon wohnhaft war, begab ſich an den Hof, und verurſachte damit nicht einen geringen verdacht: ſeine güter
wurden der Obrigkeit zuerkennt, und man
legte den Hrn. von Porrens ſeinen geweſenen
Caſtlan in arreſt, in der abſicht, etwas von
ihm zu vernehmen, falls eine geheime conſpiration vorhanden wäre, er fand aber mittel zu entfliehn.

Der

1559. Der Herzog ließ inzwischen durch eine zweyte bottschaft die Eydgenossen ersuchen, mit ihme einen bund und vereinigung aufzurichten, fand auch etliche geneigt dazu, aber es trachteten Bern und Freyburg dieses zu verhindern, und baten zu warten, bis sie sich mit dem Herzog werden verglichen haben; sie ließen auch jeden Canton besonders ersuchen, dem Herrn de la Croix als Savoyischen Residenten vorhero keinen aufenthalt zu vergönnen, und schikten zu diesem ende Niklaus von Dießbach und Simon Wurstemberger gen Zürich, Glaris, Schafhausen und Appenzell, denne den sekelmeister Anthoni Tillier und den venner Hieronymus Manuel gen Luzern, Uri, Schweiz, und Unterwalden, sie sollten zugleich vorstellen, wie Bern zu eroberung des Welschlandes eine gegründete ursache gehabt; dessen ungeacht kam ein bund zwischen Savoyen und den Cantonen Luzern, Ury, Schweiz, Unterwalden, Zug und Solothurn zu stand, und der savoyische Resident wurde in der Eydgenossenschaft gedultet.

1560. Inwährend dessen gab es streit im Glarnerland, zwischen den Katholischen und Evangelischen; erstere, weil sie von den Waldstädten sich unterstüzt befanden, wollten die leztern unterdruken, diese aber wehrten sich, und endlich wurde von den Cantonen Zürich, Bern, Basel,

Basel, Freyburg, Solothurn, Schafhau- 1560.
sen und Appenzell, ein vertrag aufgerichtet
und angenommen.

Damals beschlossen die Berner ihre neuen
unterthanen aufzumuntern, die einigermassen
durch die bedenklichen umstände bestürzt gemacht worden, und eine änderung befürchteten. Sie schikten zu diesem ende den schultheiß Hans Franz Nägeli, und Ambrosi Imhof des kleinen Raths, und Augustin von
Luternau, und Ullrich Koch des grossen Raths,
sie zu trösten, ihnen allenfalls schleunige hülfe
zu versprechen, und auch ihre gesinnungen zu
vernehmen. Sie schienen sehr gutwillig und
geneigt, und in der that sollten die städte und
die gemeinden einen grossen unterscheid zwischen der gegenwärtigen und ehmaligen Regierung gespüren. Man verordnete auch David
Krug und Georg Link zu besazungshauptleuten
nach Thonon; man bevestigte die Claus an
den burgundischen gränzen; man vermahnte
die von Biel, Neuenburg und andere bundsverwandte, sich fertig zu halten, und schikte
den damaligen sekelmeister nach Strasburg,
um geld zu entlehnen, und um einen ingenieur
zu suchen, der Morsee besichtigen, und anweisung geben könnte, wie dieser Ort zu be-
vestigen wäre.

II. Theil.　　　H　　　　Das

1560. Das Schloß Olulin wurde verbrannt, um ein exempel zu stiften, dadurch die übrigen edelleute im Welschland möchten abgehalten werden, von dem Landsherren abzufallen, wie der Herr von Olulin gethan.

Mißtrauen zwischen Bern u. Freyburg Man trachtete zwar zwischen Bern und Freyburg die zweytracht zu stiften, und einen gegenseitigen argwohn zu pflanzen, als ob Freyburg gesinnet seye, sich besonders mit Savoy zu vertragen, und als ob die starke zurüstung der Berner nicht zu einer gegenwehr gegen Savoy, sondern zu einem angrif wider die Freyburger gerichtet sey. Man stellte auch wachten zu den thoren, und das mißtrauen wäre ziemlich angewachsen, als durch eine bernerische Gesandschaft nach Freyburg, mit versicherung der guten nachbarlichen gesinnung, das zutrauen glüklich hergestellt wurde.

Begehren Papst Pius des IV. Der neuerwählte Papst Pius der VI. ließ die Eydgenossen von neuem ersuchen, dem Concilio, welches er wieder zu versammeln gesinnet seye, durch ihre abgesandten beyzuwohnen; die Katholischen willigten alsobald darein, die Evangelischen aber nahmen zuerst zum vorwand: sie wüßten noch nicht einmal, ob Frankreich selbiges werde besuchen lassen, und schlugen es hernach gänzlich aus.

Im

Im jahre 1561. wurde eine tagsazung zu
Neuenburg gehalten, um Savoy und Bern mit=
einander zu vergleichen. Es wurde aber nichts
ausgerichtet, und eine andere Conferenz zu
Basel deswegen zu halten beschlossen. Da er=
schienen der spanische und französische Bottschaf=
ter, und die eydgenößischen Gesandten; man
machte eine art von gutachten, kraft dessen
Bern einige Vogteyen an Savoyen zurükge=
ben sollte; die bernerischen Gesandten sagten:
sie würden es ihrer Obrigkeit vortragen, die
Savoyischen aber schlugen den vorgeschlagenen
vergleich aus. Der Kayser ließ sich diese sache
sehr angelegen seyn, und handelte deswegen
mit den übrigen Orten mit solchem eyfer, daß
selbige in aller namen den burgermeister Cham
von Zürich, und landammann von Schweiz
nach Bern abfertigten, mit ernstlicher bitte an
die Obrigkeit, dem savoyischen Residenten zu
Zug Anthoni Bosso, anständige bedinge zu
eröfnen; und diesem bedenklichen geschäft ein
ende zu machen, Bern aber wollte vor allem
aus, daß die Stadt Genf, deren bisdahin
in dieser unterhandlung keine meldung gesche,
auch in dem frieden solle eingeschlossen seyn,
die 11. Cantonen schienen dieses zu billigen,
und ersuchten nochmals die Berner durch 2.
gesandten, den eydgenößischen Orten, Glaris
ausgenommen, welches sich damit nicht bela=

Fortse=
zung der
savoyi=
schenSa=
chen.

H 2 den

1561. den wollte, die entscheidung dieses streits anzu-
vertrauen. Um nun diese Cantone nicht vor den
kopf zu stossen, beschlossen klein und grosse
Räthe zu Bern, selbige in diesem geschäft handeln zu lassen, und willigten zu diesem ende
in eine zusammenkunft, die im jenner des folgenden jahres zu Basel sollte gehalten werden, behielten sich aber die freyheit vor, das
geschlossene anzunehmen oder nicht; obwohlen
Hr. Stettler nur von Bern in diesem allem
meldung thut, so ist doch wahrscheinlich, daß
das meiste auch von Freyburg zu verstehen sey.

Nun wollen wir kürzlich berühren, was
indessen merkwürdiges sich zugetragen. Leo-
nor von Orleans, Herzog zu Langueville und
Graf zu Neuenburg langte zu Neuenburg an,
und da er zu Landern predigen lassen wollte,
so widersezte sich ihm die burgerschaft mit gewafneter hand; von dannen begab er sich nach
Bern, wo er mit ehrenbezeugungen empfangen wurde, man vererhrte ihm 5. gemästete
ochsen, 6. faß reißwein, 100. mütt haber,
und viel köstliches wildbrätt.

*Der Graf von Neuenburg kommt nach Bern.*

*Bern schlägt den kauf von Colombier ab.*

Nach absterben des schultheissen Hans Jakob von Wattenweil, trugen seine söhne, die,
wie gemeldet worden, in der Grafschaft Burgund sich niedergelassen, der Stadt Bern die
Herschaft Colombier zum kauf an; man schluge

ge es aber aus, weilen der Graf sich widersezte, als welchem seine lehenseinkünfte dadurch wären vermindert worden, indeme keine handänderung alsdann mehr zu vermuthen
gewesen.

Indessen kam des landvogt Pettermann von 1562.
Erlach von Lausanne sein sohn nach Bern, mit
einem schreiben vom Prinzen von Conde, darinnen er den kläglichen zustand der Reformierten in Frankreich vorstellte, und von der
Republik rath und hülfe begehrte; da beschloß
man vor sie offentliche gebeter anzustellen, und
allen volksaufbruch wider diese religionsver-
wandte zu hindern, zugleich aber aus politi-
schen gründen ihnen keine hülfsvölker zu bewilligen, es thaten auch die evangelischen
Orte alles mögliche die katholischen Cantone zu
einer gleichen neutralität zu bewegen, aber
umsonst, sie beschlossen unter dem obersten
Frölich 15. fahnen dem König zuzusenden. Anderseits zogen Heinrich in Alben und Peter
ab Büll 2. Walliserhauptleute mit einer anzahl volks dem Prinzen von Conde zu hülfe,
und begehrten den paß durch das Berngebiet,
der ihnen nachgelassen wurde, mit dem beding, daß sie keine bernerischen unterthanen
unterwegs mit sich führen; man schikte auch
von Bern aus Christoffel von Dießbach in des
Prinzen von Conde lager, um eigentlichen be-

Die Re-
formier-
ten in
Frankr.
bitten um
Hülfe.

Die
Obrigkeit
schlägt es
ab.

H 3     richt

1562. richt zu vernehmen, wie die sachen der Reformierten beschaffen seyen, und ob einiger anschein vorhanden, daß sie ihren feinden werden gewachsen seyn: er berichtete bey seiner widerkunft, daß die sachen in einer grossen verwirrung und die Reformierten weit die schwächern seyen, deswegen dorfte man sich destoweniger ihrer annehmen, und man wendete den ewigen frieden mit Frankreich und die sazungen wider das kriegsgeläuffe vor. Der gleiche Cristoffel von Dießbach aber, welcher ohne zweifel merkte, daß es vielmehr an herzhaftigkeit als an gutem willen bey seinen

*Sie bekommen etliche Freycompagnien.* oberen fehlte, warb in der stille eine anzahl bernerischer unterthanen an, und bestellte zum obersten Niklaus von Diesbach und zu hauptleuten Jost von Diesbach, Bendicht von Diesbach, Gabriel von Diesbach, Burckart Nägeli, Hans Anthoni Tillier, und Conrad Schüz.

*Der Hof klagt darüber.* Sie fürchteten so wenig die straffe, daß sie gleich aussenher der stadt die fahnen fliegen liessen; der König in Frankreich begehrte zwar, daß sie heimberuffen würden, und die Berner gebrauchten die ihnen nicht zur ehre gereichende entschuldigung: sie seyen ihrer burger und unterthanen nicht meister gewesen; und zu zeigen, daß es wider ihren willen geschehen, wollten sie selbige mit allem ernst von

Lion

Lion nach hause mahnen, allein Niklaus von
Graffenried, und Hieronimus Manuel, denen
dieses aufgetragen wurde, kamen unverrichter
dingen zuruk.

1562.

Sie wer-
den heim
berufen.

Hierauf schikte man nach wiederholten klagen, von seiten des hofs, Beat Ludwig von
Mülinen, landvogt von Ger dahin, und ließ
ihnen dergestalt zusprechen, daß sie sich, jedoch
unwillig, auf den rukweg begaben.  Diejenigen unter ihnen, welche des kleinen oder
grossen Raths gewesen, wurden bis auf näch-
ste Ostern eingestellt.

In Wallis entstuhnde auch eine Unruh,
wegen den hauptleuten und soldaten, welche,
wie gemeldet, in Frankreich gezogen waren;
dazu kam, daß die katholischen Cantone den
glimmenden tacht der Reformation auszulö-
schen trachteten, und zu diesem ende, wie auch
zu erneuerung der bünden, eine bottschaft in
Wallis schikten; sie gelangten aber damals
nicht zu ihrem zweke.

Unruh in
Wallis.

Den 14ten märz 1563. erschiene Marcus
Anthonius Bosso, spanischer Abgesandter auf
der eydgenößischen Tagsazung zu Baaden, und
bat eyfrig, daß man zeit und ort zu einer
konferenz bestimmen möchte, um den Herzog
von Savoy mit der Stadt Bern wieder auszusöhnen; er vermochte, daß selbige auf den

1563.

Vergebli-
che Kon-
ferenz we-
gen dem
Welsch-
land.

**1563.** 25ten may in der Stadt Basel zu halten vestgesezt wurde; weilen aber die Cantone eines
theils den Bernern nur das land disseits dem
kleinen fluß Aulbonne zusprechen, anderntheils
aber die freyheit der Religion, in dem bezirk
der an Savoy wiederum sollte abgetretten werden, nicht vorbehalten wollten, so war keine
parthey recht zufrieden, und die konferenz lief
fruchtlos ab.

Ungleiche Gesinnungen zu Bern.    Zu Bern selber war man wegen diesem geschäft ungleicher meynung; etliche handveste
männer behaupteten, man sollte alles behalten,
was man mit dem schwert erworben habe,
und müßte man es schon auf einen neuen krieg
ankommen lassen; andere aber wollten sich lieber mit dem begnügen, was ihnen vorher
von den Herzogen verpfändet gewesen. Leztere meynung behielt in einer grossen Raths-
Endliche Resolution. versammlung den 25sten julius die oberhand,
und der befehl an die abgesandten gen Baa-
den, wurde selbiger gemäs eingerichtet. Es
sollten nemlich der schultheiß Hans Steiger,
und der sekelmeister Hieronimus Manuel zu
wissen thun, wie daß die Republik gesinnet
seye, die Landschaft Waat, samt der Herrschaft Neus und Ger zu behalten, was aber
jenseits dem see und dem Rhodan gelegen seye,
mit vorbehalt der Religionsfreyheit, an Savoy zurükzugeben, zugleich aber durch einen anständigen

ständigen tractat die Stadt Genf vor allen an- 1563. sprachen von seiten Savoy, künftighin in si- cherheit zu stellen.

Die 11. Cantone wollten an ihrem auf der konferenz zu Basel gethanen ausspruch nichts ändern, und sagten: die Berner könnten destoeher, was jenseits dem fluß Aulbonne gelegen sey, fahren lassen, da man ihnen hingegen Vivis, Thurn, Neuenstadt und Chillon nachlasse, die eigentlich zum Chablais gehörten. Den Bernern war an der angränzung mit Genf zu viel gelegen, als daß sie sich die gränzen näher wollten sezen lassen.

Auf dieses hin kamen die abgesandten der 11. Cantone wieder nach Bern, und sagten: der Herzog von Savoy habe anerbotten, vor Vivis, Thurn und dasige gegend, so zum Chablais gehöre, 100000. Cr. zu verzinsen, das Schloß Chillon in grund zu schleissen, und zu erleichterung der auf savoyischem lande haftenden zinsen bey 30- oder 40000. Cr. zu bezahlen. Da man solches abgeschlagen, haben die savoyischen Gesandten erklärt, sie wollten trachten vom Herzog die vollmacht zu erlangen, daß sie Roll und Neuß nachlassen dörfen, die Berner aber sollten die Herrschaft Gex fahren lassen. Also daukte man den Cantonen vor ihre gehabte mühe, man nahm aber

1563. aber ihren ausspruch, den Savoyen vielleicht wohl unterzeichnet hätte, vor diesesmal nicht an.

**Bern läßt etwas von seinen Forderungen nach.** Die eydgenößischen Gesandten wendeten alles an, um die Berner zu diesem entschluß zu bewegen, so daß sie sich endlich dazu verstehen ließen, und die zu Murten wartende savoyische Deputierte schikten den Hrn. von Morrens nach Bern, wegen der Religionsfreyheit, und der sicherheit der Stadt Genf zu handeln; wegen einer dem Herzog zugefallenem krankheit aber, kam der tractat in diesem jahre noch nicht zu stande.

Indessen befürchteten die Genfer, man möchte sie vielleicht von seiten Bern im frieden nicht genug bedenken, und schikten deswegen einen gesandten dahin, um zu bitten, daß man sie nicht vergessen möchte.

**1564.**

**Bern schlägt die französische Vereinigung ab.** Den 17ten august 1564. kam der Marschall von Vieille Ville, der Bischof von Limoges, und der Hr. von Orbais königlicher Ambassador zu Solothurn nach Bern, und ersuchten die Republik, die vereinigung mit Frankreich zu verneuern. Es war wegen einem gleichen vortrag an gemeine Eydgenossen, eine konferenz zu Freyburg gehalten worden, auf welcher alle abgesandte, außer die von Zürich, sich eingefunden, auch etliche artikel vestgestellt, und zu endigung dieses geschäfts

schäfts eine zweyte konferenz auf den 28sten 1564. november an den gleichen Ort ausgeschrieben worden. Solche nun zu besuchen, verordnete man Niklaus von Graffenried, und Claudo May, mit befehl, die vereinigung auszuschlagen. Diesem aber ungeacht liessen sich dieses die königlichen Agenten so sehr angelegen seyn, und botten so günstige bedinge an: als z. ex. die Stadt Genf der vereinigung geniessen zu lassen, und durch einen beybrief das Welschland zu garantieren, daß sonntag den 10ten december in gemeiner versammlung der klein und grossen Räthen, auch mit gutheissen der gemeinden zu stadt und land, die vereinigung gleich den übrigen Orten anzunehmen beschlossen wurde. Vergeblich eiferten die prediger darwider; umsonst stellte man vor, wie gefährlich die pensionen und bündnisse mit fremden potentaten seyen.

Indessen wurde wegen dem frieden mit Savoyen eine frische tagsazung zu Neus gehalten, und selbiger kam endlich glüklich zu stand, die Berner behielten alles disseits dem see und dem Rhodan ausser der Herrschaft Gex, und übergaben das übrige zurük; in ansehung der Stadt Genf und der Religionsfreyheit in den zurukgegebenen Vogteyen jenseits dem see und in der Herrschaft Gex vertrug man sich in der freundlichkeit. Die bernerischen

*Konferenz zu Neuß und Savoy. Der Friede wird geschlossen*

nerischen Deputierten auf dieser tagsazung waren Hans Franz Nägeli, und Hans Steiger, neu und alt schultheissen, Wolfgang von Weingarten venner, Hieronymus Manuel sekelmeister, Ambrosius Imhof venner, und der stadtschreiber Niklaus zur Kinden.

Betrachtungen über diesen Frieden. Die bestätigung dieses friedenstractats kam zu Bern nicht ohne widerspruch zu stand, sowohl als die obbemeldete bunderneuerung mit Frankreich. Unpartheyisch nach so langer zeit davon zu reden, mußte den Bernern an der Garantie der krone Frankreich nothwendig viel gelegen seyn, und dieses hielte den gründen wider die vereinigung ziemlich das gegengewicht, die Berner thaten auch nicht übel einen theil von den eroberten vogteyen zurükzugeben, um vor die übrigen eine formliche abtrettung von seiten Savoy zu erhalten, dann die überausgünstigen umstände konnten sich ändern. Wenn Spanien nicht die Stadt Bern wegen Burgund hätte trachten müssen in hulden zu erhalten, damit selbige die Grafschaft wider Frankreich allenfalls zu vertheidigen geneigt verbleibe, so hätten wir das Welschland so geschwind verlieren können, als wir es gewonnen haben. Allein unsre voreltern hätten doch 2. artikel behaupten sollen, welche kaum die konferenz hätten fruchtlos gemacht, nemlich die vorbehaltung

des

des stul landes bey Verfoi, als man die Herr- 1564.
schaft Gex wieder abgetretten, damit uns zu
keinen zeiten der zugang von Genf könne abgeschnitten werden, und zweytens daß die
Eydgnossen sich verpflichten uns das Welschland wie unser übriges gebieth vertheidigen
zu helfen, daran sollte uns fast soviel als an
der französischen Garantie gelegen seyn; in
dem traktat war noch weiters enthalten, daß
die güter im Welschland, die den kirchen,
klöstern und stiftern jenseits dem see zugehört,
von selbigen nimmermehr sollen zurükgefor-
dert werden, der herzog solle wegen der Herrschaft Griers ob der boken, wegen Oron und
andern flelen gegen der Stadt Bern, keiner
huldigung, lehenschaft, noch ansprache sich
anmassen, bey einer meilwegs solle keine
parthey gegen die andere vestungen bauen,
inskünftig keiner des andern unterthanen zu
bürgern annehmen, und die rechtsame des
sees anbelangend, so solle die march durch die
mitte gehn.

Das friedensinstrument wurde durch Heinrich Falkner Stadtschreiber zu Basel verferti-
get, und die zu diesem friedenscongres verordnete eydgenößische Gesandten wären von
Zürich Itel Hans Dummysen des Raths,
von Luzern Jost Pfeiffer altschultheiß, von
Ury Jakob Arnold altlandammann, von

Schweiz

1564. Schweiz Georg Reding altlandammann, von Unterwalden Niklaus von Flüh altlandammann ob dem wald, von Zug Hans Letter altlandammann, von Glaris Paulus Schüller altlandammann und pannerherr, von Basel Caspar Krug altburgermeister, von Solothurn Urs Suri altschultheiß, von Schafhausen Alexander Beyer altburgermeister, und von Appenzell Joachim Meggelin landammann.

Man schikte hierauf eine bottschaft gen Chamberi, um die gewahrsame zu fordern, die der Herzog der Stadt Bern zustellen sollte, und man gab dem generalcommissario Josua Tillmann befehl, dem Herzog diejenigen, die die zurukgegebenen Herrschaften anbelangen, wieder zuzustellen.

Man schrieb auch den amtleuten jenseits dem see, und in der Herrschaft Ger, auf den 1sten märz künftigen jahrs, zum abzug sich fertig zu halten, alle des jahrs gefallene nuzungen zu gehöriger zeit zu beziehen, daß es führohin keines nachwerbens bedürfe, und sonderlich zu Ripaille vorsehung zu thun, daß alle gefälle und nuzungen im spithal zu erhaltung der armen verbleiben.

1565. Den 24sten begehrte der Graf von Anguisola, und Bernhard de Molines im namen
des

des Königs in Spanien ein schirmbündniß, 1565.
zu gunsten seiner an die Eydgenossen gränzen-
den landen, mit gemeiner Eydgenoßschaft überhaupt, und mit der Stadt Bern besonders
aufzurichten.    Dieser vortrag aber wurde von
seiten der Republik zur überlegung gewiesen.
Man verschob auch auf das begehren der Gräfin von Valendis Isabella, des Grafen von
Auy gemahlin, die nach dem tode ihres vaters, das burgerrecht zu erneuern verlangte,
eine deutliche antwort zu geben.

*Ein Bund mit Spanien wird ausgeschlagen.*

In diesem jahre vermehrten sich der Salz-
brunnen zu Aelen, durch fleiß und ernstliche
nachsuchung des Hrn. du Celier, von Thonon
gebürtig, oberster salz-und süßwasserbrunnen-
meister in Savoy, so daß laut einem brief
vom damaligen landvogt zu Aelen, Peter Koch,
datiert vom 20sten oktober, von 4. gesottenen
kesseln, der erste 12. bichets oder mäß, der andere 20, der dritte 23, und der vierte 21.
wohlgemessenes trokenes salz ausgeworfen; zu
jedem kessel hatte man 3. klafter scheiter und
280. wedelen gebraucht; gemeldter Celier behauptete, das salzwasser sey nicht in grösse-
rem schwall zu finden.    Nachdem er nun die
salzpfanne, dünkel, und andere benöthigte sachen in gute ordnung gebracht, kehrte er wohl-
belohnt wieder nach hause.

*Vermehrung der Salzquellen zu Aelen.*

Die

1565.    Die Peſt, die den vorigen winter gewütet,
und im frühling etwas abgenommen hatte,
**Die Peſt**
**graſſiert**
**zu Bern.** brach von neuem wiederum ſo heftig aus, daß
nach etlicher verzeichniß in zeit von zweyen jahren, im Canton Bern, mehr als 30000. per-
ſonen geſtorben ſind.

1566.    Im jahre 1566. wurde Valentinus Gen-
tilis wegen dem Arianiſmo, den er ſich nicht
begnügte vor ſich ſelbſt zu glauben, ſondern
auch ſelbigen auszubreiten bemüht war, den
10ten ſeptember mit dem ſchwert hingerichtet.
Im december darauf, wurde Johann Fried-
rich von Madruz, Graf zu Auy, und durch
die heyrath mit Iſabella, Graf Renati von
Chalant ſeiner tochter,    Graf zu Valendis in
lezterer qualität zu Bern,    zum burger angenommen ;    umſonſt proteſtierte dawider der
Graf Joſeph von Tourniel, der mit Iſabella
älterer ſchweſter vermählet war, und folglich
ungeacht des lezten teſtaments, ſeines ſchweher-
vaters, welches er rechtlich zu ſtürzen verhofte,
das beſſere recht zur Grafſchaft Valendys zu
haben vermeynte.

1567.    Die Berner hätten gerne mit Freyburg und
Wallis, wegen den allerſeits dem Hauſe Sa-
voy abgenommenen landen, einen wehrbund
aufgerichtet, und ſchikten zu dieſem ende Beat
Ludwig von Mülinen,    und Niklaus von
Graf-

Graffenried, auf eine zu diesem ende zu Frey- 1567.
burg angestellte konferenz; allein die Freyburger forderten solche bedinge, daß man sich mit
gegenseitiger anerbietung eydgenößischer treue,
und guter gesinnungen begnügen mußte. Anstatt dessen ließ hierauf die Obrigkeit die pässe
wohl besichtigen, die unterthanen zur herzhaftigkeit aufmuntern, wie auch kundschaft aufnehmen, ob Genf gut bevestiget, und mit geschüz, proviant und munition versehen seye;
man ließ auch diese Republik versichern, daß
man ihr im nothfalle beyspringen werde.

Der Herzog von Nemours hatte getrachtet, Begeh-
die Genfer zu bewegen, sich an ihn zu erge- ren des
ben, mit dem versprechen, er wolle sie mil- von Ne-
diglich regieren, ihre Religion und ihre Frey- mours.
heiten ungekränkt lassen, und sich, so zu sagen,
mit dem blossen titul und amte ihres beschü-
zers begnügen, wo nicht, so werde er mit
gewalt zu seinem rechte zu gelangen trachten
müssen. Dieser sache berichteten die Genfer die
Stadt Bern, begehrten einen guten rath, und
erkundigten sich, ob die umstände dismalen
nicht günstig wären, als ein zugewandter Ort
in den eydgenößischen Bund zu kommen, dazu machte man ihnen aber keine hofnung, und
rieth ihnen zugleich dem Herzogen von Nemours kein gehör zu geben.

II. Theil        J                    Um

**1567.** Um diese zeit hielten die Berner bey den Cantonen um erlaubniß an, eine anzahl eydgenößischer Soldaten in ihren kösten anzuwerben, allein Hr. Stettler meldet nicht, ob dieser aufbruch nur im nothfall, oder zum voraus geschehen sollen; ersteres aber kommet mir wahrscheinlicher vor, und es ist zu vermuthen, die Republik habe dadurch ersezen wollen, was ihnen durch den abschlag der eydgenößischen Garantie des Welschlandes abgegangen. Allein die Eydgenossen merkten es, wie es scheint, und nur allein Basel, Schafhausen und Solothurn gaben geneigte antwort.

Den 2ten aprill erschien der Graf von Anguisola vor dem Rath zu Bern, um vorzubauen, daß man keinen argwohn wider den zug der spanischen Völker neben dem Welschlande vorbey in die Niederlande, fasse, mit versicherung, der Herzog von Alba, der sie kommandieren solle, werde eher bis sie vorbey gezogen, sich zu Bern gleichsam als eine geisel aufhalten; auf diese freundschaftliche vertröstung hin, ward solches nicht verlangt, aber eine besazung von 1000. mann der Stadt Genf angebotten; allein sie wollte lieber, vielleicht aus mißtrauen, eine anzahl französischer Soldaten anwerben.

Nach

Nach diesem brachte eine savoyische Bott- 1567.
schaft, die spanische und französische, von beyden Königen unterschriebene Ratification
des friedensinstruments, zwischen Bern und
Savoy, nach Bern, und begehrte die wie-
derzustellung der Vogteyen Thonon, Ternier
und Gex, welche auch in der mitte des august-
monats erfolgte.

Acht-

# Achtzehntes Buch.

## Inhalt des achtzehnten Buchs.

Der Prinz von Oranien begehrt einen Geldaufbruch. Antrag des Schazmeisters von Burgund. Burgerrecht zwischen Bern und Genf. Savoy verlangt Geld von Bern, gegen Einsezung etlicher Herrschaften. Den Grafen von Gryers gereut, daß er seine Grafschaft verkauft. Strengigkeit gegen die Kriegesläufer. Bund zwischen Bern und Savoy. Bern entlehnt dem König in Frankreich eine grosse Summe Geldes. Savoy begehrt auch wiederum Geld, gegen einsezung etlicher Herrschaften. Klage des Grafen von Auy wider die Stände von Neuenburg. Bern bekommt die Propstey Colmar. Viele Refugierte kommen in die Schweiz. Tractat mit dem Herrn von Grandcour. Unruh in Bündten und im Wallisland. Der Herzog von Longueville stirbt. Gesandschaft in Frankreich an Heinrich den III. Verdrüßliches Geschäft, aus anlas arrestirter Waaren im Mäyländischen. Doctor Beuterich wirbt 13. Compagnien vor den Prinzen von Conde. Bund zwischen Bern und Wallis. Savoy steuert der Stadt Bern an einer Feuersbrunst. Feuersbrunst zu Sanen. Bern verkauft wieder das Priorat von Colmar.

Der

Der Graf von Tourniel erobert das Schloß 1568.
Valendys. Bundserneuerung zwischen Bern
und Solothurn. Bernhard Tillmann wirbt
200 Mann vor den Pfalzgrafen. Begehren
des Gubernators von Burgund. Vertrag
wegen Valendys. Streit zwischen Biel und
dem Bischof zu Basel. Tractat zwischen Frankreich und den Städten Bern und Solothurn,
wegen Genf. Valendys wird der Stadt Bern
zugesprochen, und übergibt diese Herrschaft
der Herzogin von Longueville. Mandat wider die Widertäuffer.

Dieses Buch geht von 1568. bis 1579.

Im jahre 1568. begehrte der Prinz von
Oranien in einem brief an die Stadt
Bern, in welchem er die tyrannen des Herzogen von Alba vorstellte, einen Geldaufbruch
von 80000 Gl. Dieses begehren kommuni-
cierte man den 3. andern evangelischen Orten,
und es wurde, ungeacht Bern nicht ungeneigt
war, auf einer konferenz zu Arau beschlossen,
aus bedenklichen gründen selbiges abzuschlagen.

Es verlangte damals der Schazmeister der
Grafschaft Burgund von den Eydgenossen bey
ausrichtung ihrer pensionen zu wissen, was
die Grafschaft von ihnen vor beystand zu erwarten hätte, falls sie sollte von Frankreich ange-

J 3

1568. angegriffen werden; 5. Cantone erklärten sich zu einer thätlichen hülfe, die übrigen achte aber, als Zürich, Bern, Glaris, Basel, Freyburg, Solothurn, Schaffhausen und Appenzell meynten nicht, daß das wort getreues aufsehen in der erbeinigung von 1511. also zu verstehen seye.

**Burgerrecht zwischen Bern und Genf.** Den 2ten may des gemeldeten jahres wurde das burgerrecht zwischen Bern und Genf wieder beschworen, vergeblich aber durch die ausgeschossene etlicher Cantonen darnach getrachtet, den Herzog von Savoy mit den Genfern zu vertragen. **Savoy begehret Geld gegen Einsazung etlicher Herrschaften.** Der Herzog ließ die Republik Bern um eine summe von 85000. Er. bitten, gegen einsazung der Herrschaft Ger, man fande aber zu Bern nicht vor gut, dieses anzunehmen. Der antrag eines bundes ward auch abgewiesen, im jahre darauf aber 1569. wiederholt, die vorgetragenen artikel gutgeheissen, und die völlige unterzeichnung, nur bis auf bessere vergleichung des Herzogen, mit der Stadt Genf aufgeschoben.

**Der Graf von Gryers kan seine grafschaft nicht wieder bekommen.** Es schrieb damals der gewesene Graf von Gryers den Eydgenossen, es hätten sich etliche Fürsten entschlossen, ihm eine genugsame summe geldes zu leyhen, und bate, sie wollen die Städte Bern und Freyburg dahin bewegen, ihm seine Grafschaft gegen erlag des kaufschillings

schillings wieder abzutretten. Die beyden
Städte aber gaben keine antwort darauf, und
der gute Graf mußte eine bessere zeit erwarten, die nie gekommen ist.

In diesem jahre hielt man mit einer selt- 1570.
samen und sehr löblichen strengigkeit ob den
mandaten wider das verbottene Kriegsgeläuf; Strengig-
der Hr. von Bellievre hatte 26. fahnen in keit wider
seines Königs diensten aus den Cantonen an- gesläufer
geworben, und darüber Hans Heyd von Freyburg zum obersten verordnet. Da wurden
im Canton Bern so gute anstalten an den
gränzen gemacht, daß die Kriegsläuffer angehalten, und die gefangenschaft damit angefüllt
wurde; man machte sie auf eine zeitlang ehr-
und gewehrlos, und die, so entronnen, that
man bey ihrer wiederkunft als meyneidige und
widerspänstige an den pranger.

Es kam auch im gleichen jahre der von sei- Bund
ten Savoyen schon mehrmalen vorgetragene zwischen
bund zu stand. Von seiten Bern halffen selbi- Bern und
gen vermitteln Beat Ludwig von Müllinen Savoy.
schultheiß, die zween altschultheissen Hans Franz
Nägeli und Hans Steiger, und die beyden
sekelmeister Niklaus von Graffenried, und Hieronimus Manuel; in ansehung Genf aber wurden folgende bedinge ausgewürkt.

J 4

Erst

**1570.** Erſtlich ſollte fürohin zwiſchen Savoy und Genf guter friede und einigkeit wallten, und das vergangene in vergeſſenheit geſtellt werden.

Zweytens ſollten die Genfer während 25. jahren in dem zuſtande, worinnen ſie ſint 30. jahren geweſen, verbleiben, jeder parthey jedoch ihre vorgegebene rechte vorbehalten, die man innert dieſer zeit werde zu erörtern trachten.

Drittens, ſolle keine parthey der andern feinden, rebellen, oder widerwärtigen, in ihrem gebiete öffentlichen aufenthalt geben.

Viertens, wohl aber diejenigen nicht auszuliefern ſchuldig ſeyn, die aus keinem andern grunde, als wegen der Religion, in der andern parthey land, ſich geflüchtet.

Fünftens, ſoll niemand, als nur wegen bekanntlichen, verbrieften und ſcheinbar gemachten ſchulden, in des andern landen gepfändet werden.

Sechstens, der gewerb und handel ſoll ohne anſehung der Religion, frey und offen ſeyn.

Siebentens, ſoll niemand fremde anſprachen an ſich nehmen.

Ach-

Achtens, soll keiner von beyden partheyen 1570.
unterthanen gestattet seyn, ohne wissen ihrer
Obrigkeit, mit waffen sich zu versammeln.

NB. dieser Artikel wurde vielleicht deswegen
hinzugesezt, weil begegnet war, daß wann
dem Herzogen ein anschlag wider die Genfer mißlungen, er alsdenn zum vorwande
genommen: er habe nichts davon gewußt,
und seine unterthanen haben es ohne seinen befehl gethan.

Neuntens, sollen zoll und geleit auf dem
alten fuß verbleiben.

Zehentens, die feldfrüchte und lebensmit-
tel sollen in gleicher freyheit des kaufs und
verkaufs, wie die gewerbschaften, begriffen
seyn.

Eilftens, soll innert den 25. jahren die
Stadt Genf mit keinem fremden Fürsten sich
verbinden, noch fremdes kriegesvolk in ihre
stadt aufnehmen, wenn sie nicht die nothwen-
digkeit, sich in vertheydigung zu sezen, vor-
schüzen könne. Dem Herzog soll der einzug
in Genf offen stehn; er soll aber kein gewaf-
netes begleit, sondern nur sein hofgesind mit
sich nehmen.

Zwölftens, endlich soll es in ansehung der
Souverainität und Jurisdiction von St. Vic-

J 5                                    tor

1570. tor und dem Capitel, jedem theil ohne schaden, indessen bey dem von den Rathsgesandten von Basel im jahre 1544. gemachten spruch verbleiben.

Der Herzog von Savoy stellte sich über diesen bund so vergnügt, daß er anerbieten ließ: er wolle entweder zu Bern zur zierde der Stadt ein haus bauen lassen, oder aber etliche hundert harnische, sturmhauben oder handbüchsen von sonderbarer gattung, in das zeughaus verehren, welches man höflich getrachtet auszuweichen; er hätte gerne zu gleicher zeit den bund auf alle Cantone erstreken mögen, welchen er mit den Cantonen Luzern, Ury, Schweiz, Unterwalden, Zug, Freyburg und Solothurn gehabt, allein es wollte nicht von statten gehn.

*Bern entlehnt dem könig in Frankreich 50000. C.* Den 14ten christmonat hat der Stand Bern dem König in Frankreich 50000. Er. vorgestrekt, vor welche summe er ihnen die einkünfte seiner krone verpfändet hat.

Schon im julius vorher hatten Bern und Neuenburg ihr burgerrecht erneuert; und um diese zeit trachtete der Graf von Griers noch einmal, zu wiederherstellung seines väterlichen erbes zu gelangen; der König in Frankreich nahm sich auch seiner an, aber es war umsonst.

In-

Indessen ließ der Herzog von Savoy die 1570. Obrigkeit von Bern auch wieder ersuchen, ihm eine namhafte summe darzuleihen, mit dem anerbieten, dagegen die Vogteyen Gex, Thonon und Ternier zu verpfänden; man schlug es aber ab, unter dem vorwande: die Schazkammer sey durch das Capital so man dem König in Frankreich entlehnt, zu sehr vermindert worden.

Zu entladung der auf der Stadt Bern wegen dem Welschland liegenden schulden, bekam man damals von der Stadt Lausanne eine freywillige steuer von 5000. florin, und von der Stadt Petterlingen 300. Cr.

Den 2ten augustus ließ der Graf von Auy durch den sekelmeister von Graffenried, vor klein und grossen Räthen zu Bern, seine klage vorbringen; daß die Stände der Grafschaft Neuenburg, deren Oberherrlichkeit über die Grafschaft Valendys nicht völlig bewiesen sey, die durch den tod seines schwähers, des lezten Grafen ledig gewordene Grafschaft seinem schwager dem Grafen von Torniel zusprechen wollten; von Bern aus schrieb man deswegen nach Luzern, Freyburg und Solothurn, welche auch mit Neuenburg verburgert waren, ob man nicht zuerst das recht der neuenburgischen Stände untersuchen soll-

*Klage des Grafen Auy über die Stände von Neuenb.*

te

1570. te ehe man selbigen das urtheil zu fällen gestatten könne. Man schikte auch deputierte
an den verwalter, und an die Stände von
Neuenburg; den von dem Grafen von Auy
angebottenen kauf der Grafschaft Valendys aber
schlug man aus, erstlich, weil man lands genug habe, zweytens, weil man in gegenwärtigen umständen sich an barem gelde nicht zu
sehr entblössen wolle, und drittens, weil
man wegen den rechtsamen selber dieser Grafschaft in verdrüßliche streitigkeiten verfallen
könnte.

Aus diesem erhellet, wie die denkungsart
eines Staates völlig ändern kan. In den ersten zeiten der Republik giengen alle absichten auf eroberungen los, die lust zum krieg
bewog damals oft ohne andern grund die
nachbarn zu überfallen; jezund fasset man den
entschluß die gränzen nicht mehr zu erweitern,
und schlägt zu diesem ende einen anständigen
kauf ab. Wie ruhig schlafen nicht die benachbarte einer solchen Republik, die bey ihren gegenwärtigen gränzen zu verbleiben den
vesten vorsaz genommen hat. Wie glüklich
wären die menschen, und wie könnten sie sich
eines dauerhaften friedens schmeicheln, wenn
alle Landesherren einen solchen vorsaz nehmen
würden.

Im

Im jahre 1571. gab der lezte probst zu Col-  1571.
mar seine probstey auf, zu handen der Stadt
Bern, mit vorbehalt des lebenslänglichen ge-  Bern bekommt
nusses der einkünften. Diese probstey war von  Bern bekommt
altem her der Abtey Petterlingen einverleibet  die Probstey Colmar.
gewesen.

Im jahre 1572. entschuldigte der fran-  1572.
zösische Ambassador gegen die reformierten
Cantone den mordanschlag, so unter dem na-  Viele Refugierte
men der St. Bartholomäi bekannt ist, und  kommen
der gegen die unglükseligen Reformierten in  in die
Frankreich, mit einer solchen verrätherey und  Schweiz.
grausamkeit ausgeführt worden; er gab vor,
der König habe nichts davon gewußt. Bald
hernach bekannte zwar der Hr. von Bellievre, des Königs geheimer rath, der König
habe den befehl dazu gegeben, beschuldigte
aber die Hugenotten fälschlich solcher anschlägen, wodurch sie sich diese strafe auf den hals
gezogen. Die Religionsbrüder, die bey diesem anlas sich in die Schweiz geflüchtet, wurden wohl aufgenommen; man sammelte eine
steuer zu ihren gunsten, und die 4. reformierten Cantone sezten sich in gute verfassung,
falls sie von den benachbarten des glaubens
wegen sollten angefochten werden. Dieses
erwekte bey den katholischen Eydgenossen einiges aufsehn, es wurde aber nach gethaner erklärung, daß man nichts böses gegen sie in
den

1572. den gedanken habe, das gute zutrauen wieder hergestellt. Die gesandten von Glaris und Appenzell stellten bey diesem anlas vor, wie gut es wäre die bünde wiederum zu beschweren; allein dieser vortrag fande nicht geneigtes gehör.

Im aprill gemeldten jahres verkaufte die Obrigkeit von Bern Georgen von Diesbach, Herrn zu Grandcour, die rechte, die der Herzog an dieser Herrschaft gehabt, und sie durch das recht der eroberung an sich gebracht, mit vorbehalt der hohen Gerichte, und der Appellationen, wie auch das benöthigte holz zu den obrigkeitlichen gebäuden aus dem wald Moraye mit bescheidenheit nehmen zu dörfen.

Die Admiralin von Chatillon wurde um diese zeit von dem Herzog von Savoy, dessen gebohrne unterthanin sie war, in seinem gebiethe, weilen sie den evangelischen glauben angenommen, auf ihrer reise aufgehalten, und in das schloß Mioland eingesperrt. Umsonst trachtete die Stadt Bern ihren stiefsöhnen zu gefallen ihre erledigung auszuwürken; sie ward erst im jahr 1599. durch den tod von ihrem kerker befreyt.

Ich verwundere mich, daß damals, ungeacht der natürlichen neigung und sonsten bezeigtem eifer von seiten Bern gegen die verfolgten

folgten Protestanten in Frankreich, man je- 1572.
doch 6000. Eydgnossen aus den katholischen
Orten, die wider dieselben von dem Hofe angeworben worden, den paß durch das Berngebieth bewilliget. Ein gewisser Jean de
Ragecourt wurde damals in Frankreich in
bann gelegt, und gabe vor, er hätte von
Graf Ludwig von Nassau befehl gehabt, mit
beförderung der Städten Bern und Genf die
Stadt Gray und das schloß St. Anna bey
Bysanz einzunehmen: Bern gedenke die ganze
graffschaft Burgund einzunehmen, und der Théo-
dorus Beza habe auch an diesen gefährlichen
pratiken theil genommen. Dieser Prediger
aber, sowohl als die Stadt Bern, wußten sich
über diese falschen anklagen zu rechtfertigen.

Im jahr 1573. entstuhnde wegen den pen- 1573.
sionen eine heftige unruh im Bündnerland,
die Eydgenossen schikten ihre gesandten dahin, Unruh in
und durch derselbigen vermittlung wurde die Bündten
ruhe wieder hergestellt; im Wallislande wäre und in
auch bald ein lärm entstanden, weilen der Wallis.
Ritter Roll von Ury des berühmten Cardi-
dinal Schiners seinen enkel, Matthäum Schiner, bewogen hatte, eine anzahl soldaten,
ohne bewilligung der landschaft, dem König
in Spanien in Flandren zuzuführen; die
sache wurde so beygelegt, daß der Schiner
mit seiner mannschaft zu hause bleiben mußte.

Im

**1573.**

**Der Herzog von Longueville stirbt**

Im gleichen jahre starb der Herzog von Longueville, Graf zu Neuenburg, und seine wittib und kinder wurden von seiten des französischen hofs der Stadt Bern als Schirmherren der Grafschaft Neuenburg anbefohlen. Niklaus Manuel kaufte damals die Herrschaft Cronay von den Grafen von Valendys, welche Herrschaft seither beständig in dieser familie geblieben.

Die Stadt Bern hätte gern nicht alleine die beschirmung der Stadt Genf auf sich gehabt, und trachtete zu öftern malen die Städte Freyburg und Solothurn zu bewegen, sich derselbigen auch zu beladen, mit der vorstellung, daß der ganzen Eydgnoßschaft an erhaltung dieser wichtigen vormaur gelegen seye; allein die ungleichheit der Religion war schuld, daß diese sache niemals gelingen konnte.

**1575.**

**Gesandschaft in Frankr. an Heinrich den III.**

Im jahr 1575. wurde eine eydgnößische gesandschaft in Frankreich geschikt, dem König, Heinrich dem dritten, gewesenen König in Polen zu seiner gelangung auf den französischen thron glük zu wünschen; der gesandte von Bern Beat Ludwig von Mülinen, und die gesandten von Zürich und Basel hatten einen besondern befehl empfangen, darnach zu trachten, daß sie etwas zu gunsten der Reformierten in Frankreich ausrichten können.

Um

Um diese zeit wurde die Stadt Bysanz in **1575.** Burgund nächtlicher weise von etlichen der Religion wegen vertriebenen Franzosen überfallen, und man warf den ungegründeten verdacht auf die Sadt Bern und Basel, und die Gräfin von Neuenburg, sie seyen in diesem anschlag mit begriffen gewesen.

Auf dieses folgte ein anders verdrüßliches Verdrüßgeschäfte: es wurden dem schultheiß von Mü- liches Ge- linen etliche köstliche waaren im Mayländi- schäft aus schen arrestiert, und 2. bediente, die solche arrestier- verkauffen sollten, an die galeren geschmiedet; ter Waa um sich dieses schadens zu erholen, erhielte er ren. von seiner Obrigkeit die erlaubniß, auf die durchpaßierende mayländische waaren, auch einen arrest zu legen; dieses nahmen die dem Herrzogthum Mayland zum nächsten gelegenen katholischen Orte, von den Bernern, so übel auf, daß bald feindseligkeiten darauf erfolget wären, weil sie befürchteten, daß durch diesen zufall ihre eigene wichtige handlung möchte gestört werden; endlich aber wurde der schultheiß von Mülinen um seine anforderung befriediget, und die mayländischen waaren auch wieder verabfolget.

Im gleichen jahre kam doktor Peter Beut- Doktor rich in die Schweiz, und warb heimlich Büterich aus befehl des Pfalzgrafen am Rhein, und wirbt 13. Fahnen vor den des Pr. von Conde.

II. Theil.      K

des Prinzen von Conde 13. fahnen, oder compagnien, darunter drey von Neuenburg, die übrigen meistens aus dem Berngebiethe, auch etliche von Biel waren. Sie versammelten sich zu Neuenstadt, Landern und daherum, ungeacht auf dawider gethane vorstellung von seiten des Ambassadoren zu Solothurn, die Obrigkeit zu Bern den burgern und unterthanen diesen auszug verbotten hatte; weil man sie zu den stadtthoren nicht hinaus liesse, sezten sie in kähnen über die Aare, viele watteten auch bey Arberg und anderswo über das wasser, weil die brüken und pässe verwahrt worden. Benedict Nägeli, einer von den hauptleuten, wurde unterwegs aufgehalten, und wollte lieber sein burgerrecht aufgeben, als sich entschliessen zu hauß zu bleiben.

Denen, welche würklich beym sammelplaz angekommen, wurden Wolfgang May, Sulpitius Brüggler und Niklaus Manuel nachgeschikt, um sie zum gehorsam und zum heimzug zu vermahnen. Sie entschuldigten sich damit, daß sie ohne ihre ehre zu verlezen nicht nach hause kehren könnten, indem sie sich allzu verbindlich verpflichtet hätten, und baten, daß man ihnen vor diesesmal den begangenen fehler verziehen möchte; ihre verwandten und freunde, und die betrachtung vielleicht auch, daß sie bedrängten Religionsverwandten zu hülfe gezogen beschirmten sie vor der strafe. Man

Man schikte zwar noch zween Gesandte 1575.
vom kleinen, und zween vom grossen Rath,
bis in das Bisthum Basel nach, allein sie
kamen unverrichteter dingen nach hause.

Die katholischen Orte konnten sich nichts
anders einbilden, als dieser aufbruch geschähe
mit geheimer bewilligung der Obrigkeit, und
schikten ihre Gesandten nach Bern, darüber
sich zu beklagen, wiederholten auch noch ihre
klägten auf einer tagsazung zu Baaden. Die
Obrigkeit von Bern aber behauptete solcher-
massen das gegentheil, daß sie sich endlich zufrieden stellten.

Den 20sten may 1575. wurde der seit *Bund zwischen Bern u. Wallis.*
langen jahren her, zwischen Bern und Wal-
lis auf dem tapet gewesene bund geschlossen,
und bey diesem anlas trachteten die Berner
die Walliser zu bewegen, in ihren bund mit
Genf einzutretten, allein es war umsonst.

Im gleichen jahre kaufte die Stadt Col- *Bern verkauft wieder das Priorat von Colmar.*
mar um ein geringes geld das Priorat wie-
der, welches die Stadt Bern seit 1571. besessen hatte.

Als den 27sten aprill zwischen dem König
in Frankreich, und seinen protestantischen unterthanen, ein vertrag gemacht worden, kehrten die bernerischen burger und unterthanen
wie-

K 2

wieder nach hause, und wurden wegen ihrem ungehorsam an gelde gestraft.

**1576.**

*Graf von Tourniel erobert das Schloß Valendis*

Bisdahin war der Graf von Auy in besiz von dem Schloß Valendys geblieben; ungeacht aber die Berner sich seiner annahmen, so durfte es doch der Graf von Tourniel wagen, selbiges mit hülfe der Neuenburgern einzunehmen.

**1577.**

*Bunds-erneue-rung zwischen Bern u. Soloth. Bernh. Tillmann wirbt 200. mann vor den Pfalzgrafen Casimir.*

Im jahre 1577. erneuerten Bern und Solothurn ihr burgerrecht.

Als Bernhard Tillmann im augustmonat 200. soldaten ohne bewilligung seiner Obrigkeit dem Pfalzgrafen Casimir als eine leibwache zugeführt, nahmen solches die katholischen Orte, ohne zweifel auf anstiften des französischen Hofs übel auf, und begehrten zu wissen, wie Bern, sowohl gegen die Eydgenossenschaft, als gegen den König ihren Bundsgenossen, gesinnet seye? die Berner entschuldigten sich damit, daß dieses wider ihren willen, und wider obrigkeitliches verbott geschehen sey.

Den 24sten julius berichteten die Genfer durch eine Rathsbottschaft, der Herzog von Savoy habe unter dem vorwand, daß die Stadt Genf von einem feindlichen überfall bedrohet seye, seine hülfe anerboten, und allbereit

bereit einiges kriegsvolk mit artillerie zu Mont⸗ 1577.
melian versammelt; dieses kam ein wenig
verdächtig vor, der begehrte gute rath gien⸗
ge dahin, man sollte dem Herzog vor seine
gute gesinnung danken, zugleich aber die thüre
vom schafstall fleißig bewachen.

In gemeldeten jahre entstuhnde eine grosse
brunst im Kloster Einsideln, und ein zu Lu⸗
zern aufgefangener mann von Creuzlingen be⸗
schuldigte die Stadt Bern, wie wann sie durch
ihren burger Benedict Nägeli, hätte feuer ein⸗
legen lassen; diese falsche anklage zu widerle⸗
gen, wurden der venner Gasser und Rudolf
von Erlach gen Luzern geschikt.

Den 14ten november kam Gerhard von Begeh⸗
Wattenweil, Herr zu Vsiez, vor Rath zu ren des
Bern als ein Gesandter des Gubernatoren Guberna
von Burgund, und begehrte zur sicherheit tors von
der Grafschaft 1000. mann, um gebührli⸗ Burgund
chen sold, mit beygefügter vorstellung, wie
gefährlich es vor Bern und die Eydgenossen⸗
schaft wäre, wenn sie Frankreich zu ihrem
nachbarn bekämen, allein sein begehren wurde
ihm abgeschlagen, jedoch auf eingelauffene
warnung, wie daß die guisische armee heran⸗
näherte, wurden die Bundsgenossen zu ge⸗
treuem aufsehen vermahnet, 3000. mann
vor den auszug auf ersten nothfall bestimmt,

K 3 Bern⸗

1577. Bernhard von Erlach zum hauptmann dazu ernennt, und auffehere in die Waat geschikt, um die Schlösser und Provianthäuser zu besichtigen, auch zu aufhaltung eines feindlichen einbruchs, die nothwendigen anstalten zu machen.

**Vertrag wegen Valendis**

Den 12ten november wurde endlich wegen der Grafschaft Valendys zu Bern in gegenwart der Gesandten, der Herzogin von Longueville, nemlich Georg von Diesbach, ihres stadthalters zu Neuenburg, und Claudi von Neuffchatel, Herrn zu Gorgier, folgender tractat geschlossen: falls die Grafschaft Valendys der Stadt Bern rechtlich sollte zuerkennt werden, so wolle sie selbige der Herzogin mit folgenden gedingen abtretten; erstlich, solle sie die angehörigen der Grafschaft, bey ihrer jezt habenden Religion, auch ihren freyheiten, landsrechten und dem burgerrecht mit Bern verbleiben lassen; zweytens solle sie alle und jede auf der Grafschaft verschriebene schulden auf sich nehmen; drittens, falls die Grafen von Auy und Tourniel, sich wegen besizung der Grafschaft vergleichen würden, solle sie alsdenn dem, welchem sie werde zuerkannt werden, gegen erstattung der kösten selbige einraumen, weil bemeldten Grafen an ihrem Recht durch gegenwärtigen tractat nichts solle benommen seyn, falls aber

die

die Herzogin in dauerhaften besiz der Grafschaft 1578.
durch verkomniß mit den erben sollte gesezt
werden, so solle alsdenn, im fall des verkaufs
derselbigen, solche beförderst der Stadt Bern
angeboten werden, und auch der wiederzug
ein ganzes jahr lang frey stehen.

Die Stadt Biel vermeynte die den einwoh-
nern von Erguel, wegen dem auszug zu gunsten der Reformierten in Frankreich auferleg-
te geldstraffe mit dem Bischof von Basel halb
zu beziehen, weil dieselben seit undenklichen
jahren allwegen unter der stadt panner gehört,
auch der Meyer und die Räthe ihnen deswegen zu gebiethen hatten; als nun anstatt
dessen des Bischofs schaffner die buß ganz bezogen, weigerte sich die burgerschaft, dem
Bischof zu schweren. Diese widerspänstigkeit
aber wurde ihnen von Bern aus mißrathen.

Streit
zwischen
Biel und
dem Bi-
schof von
Basel.

Den 5ten may 1579. kam ein tractat zu 1579.
stand zwischen dem König in Frankreich und
den Städten Bern und Solothurn, zu beschirmung der Stadt Genf, kraft desselbigen
sollt der König 5. fahnen daselbst in seinen
kosten erhalten, und vor eine jede 1300 Cr.
baar geld ausrichten, so bald gemeldte Stadt
eine besazung werde vonnöthen haben; auch
vor zween monat voraus das geld zu Solothurn hinterlegen, falls man aber dieser

Traktat
zwischen
Frank-
reich,
Bern u.
Solo-
thurn,
wegen
Genf.

K 4                              be-

beſazung zu hülfe kommen müßte, ſo ſolle er, ſo bald man von hauſe gezogen wäre, 15000. Cr. bezahlen, und der beſazung ledig ſeyn. Hingegen aber wären alsdenn Bern und Solothurn verbunden, um den gewohnten ſold 6000. mann, ihme zukommen zu laſſen. Falls beyde Städte würden angegriffen werden, ſollte ihnen der König jährlich 10000. Cr. ausrichten, (es wäre aber kein groſſer anſchein daß dieſe Städte jemal einen krieg von etlichen jahren führen werden,) die ſtreitigkeiten zwiſchen beyderſeitigen unterthanen ſollten von der Obrigkeit, in deren bezirk ſie entſtanden, geſchlichtet werden.

In dieſem gleichen jahre hätte die Stadt Byſanz in Burgund ihr burgerrecht mit Bern gerne erneuert, wurde aber, weil der König in Spanien einiges mißfallen darüber bezeugte, abgewieſen; hingegen die Städte Freyburg und Solothurn, nahmen den gleichen an ſie gethanen vortrag an.

Valendis wird Bern zugeſprochen. Wir haben ſchon zum öftern der ſtreitigkeiten wegen der Grafſchaft Valendys meldung gethan, nun wurde endlich ſelbige der Stadt Bern von ihren erlangten rechten wegen, auf begehren Niklauſen von Graffenried, ſekelmeiſter, Petermann von Wattenweil, venner, Hans Rudolf von Bonſtetten, und David Tſchar-

Tscharners, des grossen Raths an offenem 1579.
gericht auf der strasse vor dem Schloß Valendys, vermög eines den 2ten may datierten
urkunds von Georg von Diesbach, Freyher-
ren zu Grandcourt, Stadthalter der Grafschaft Neuenburg, und seinen fürstlichen Räthen, Claudio von Neuffschatel, Freyherrn zu
Gorgier, Peter Valier, vogt zu Landern,
Johannes Verdonet, vogt zu Vaultravers,
und Peter Chambrier, zugesprochen.

Hierauf übergab die Stadt Bern nach
obgemeldeten getroffenem vergleich ihre erlang-
te titul und rechte der Herzogin zu Longueville,
und ihren kindern und nachkommen mit folgenden bedingen, daß dieselben die unterthanen und einwohner der Grafschaft Valendys
in ihren alten rechten und regimentsverfassung
verbleiben lassen, die auf der Grafschaft haf-
tende beschwerden auf sich nehmen, und der
Stadt Bern ihre vorbehaltnissen bestättigen
sollten.

*Bern übergiebt diese Graf schaft der Herzogin von Lon- gueville.*

Um diese zeit kaufte die Stadt Bern von
Petermann von Erlachs erben die Collatur
der zween pfründen Kilchdorf und Kilchlin-
bach, samt der losung des gerichts Ettisweil,
um eine namhafte summe; und noch zu ende
des jahres wurden scharfe ordnungen wider
die Widertäuffer gemacht.

K 5 Neun-

# Neunzehntes Buch.

## Inhalt des neunzehnten Buchs.

von Savoy gegen Genf; selbige veranlassen
die Berner die Gränzen mit Völkern zu besezen; bey Anlaß der gefährlichen Zeitläuften
werden die Unterthanen von der Obrigkeit
vermahnt.   Unwillen der Freyburger gegen
die Stadt Bern.   Drey Regimenter aus der
evangelischen Eydgenossenschaft ziehn dem König von Navarra zu Hülfe.   Furcht der
Neuenburger vor den Ligisten.   Conspiration
etlicher Burger von Lausanne.   Der Herzog
von Savoy läugnet daß er daran Theil gehabt.   Vortrag des Königs Heinrich des IV.
Bern läßt sich mit ihm in einen neuen Krieg
ein, wider Savoy.   Sieg der Berner zu
St. Joire.   Sie ziehen wenig Vortheil daraus.
Conferenz zu News.   Streit zwischen dem
Bischof von Basel und der Stadt Biel.
Bundserneuerung mit Wallis.

Dieses Buch enthaltet was sich von 1580. bis
1590. zugetragen.

Der Bischof von Vercel sollte als Nuntius 1580.
die priesterschaft in der katholischen Eydgenossenschaft besuchen, er war aber weiters Der Bi-
gegangen, und hatte neuerungen in den ge- schof von
meinen Vogteyen wider die verträge der mit- Vercel
regierenden Orte einführen wollen, worüber kommt
die evangelischen Cantone sich wie billig be- in die
schwert, aber wenig genugthuung erhalten. Schweiz.
Er durfte es sogar wagen, durch Bern zu
reisen,

1580. reisen ohne empfangenes geleit, welches ihm von der Obrigkeit durch den schultheiß von Müllinen vorgerükt wurde.

**Die Jesuiten werden zu Freyburg angenommen.** Dieser Bischof veranlaßte den Bund zwischen dem Bischof von Basel, und den 7. katholischen Cantonen, und brachte es dahin, daß die Jesuiten zu Freyburg angenommen wurden.

Diese Stadt liesse vergeblich um diese zeit die übrigen Orte erinnern, wiewohl man thäte, den gemeinen Bundsschwur zu erneuern. Gleichfalls wurde die Stadt Bern in ihrem begehren, daß das Welschland in die gegenseitige eydgenößische Garantie aufgenommen werde, abermalen abgewiesen.

Hingegen wurden damals die häuser Durlach und Longueville, die wegen einigen Herrschaften streitigkeiten mit einander hatten, zu Bern durch 5. Rathsherren verglichen.

**Streit zwischen dem Bischof von Basel u. Biel.** Aber es entstunde eine neue zweytracht zwischen dem Bischof von Basel und der Stadt Biel, leztere hatte ein starkes mandat wider die reisgeläuffe ausgehen lassen; der Bischof meynte, sie solle einem jeden burger seinen freyen willen lassen. Als nun die Bieler vorweisen konnten, daß sich weder die Bischöffe, noch ihre Amtleute niemalen, ihren Ord-

Ordnungen betreffend das reisgeläuf widersezt, 1580.
wurde der Bischof von der Stadt Bern vermahnt, die Stadt Biel in ruhigem genuß ihrer freyheiten zu lassen. Der Bischof aber,
der nunmehr auf den bund mit den katholischen Orten trozte, wollte von seinem vorhaben nicht abstehen. Also währte dieser streit
etliche jahre; die dem Bischof von Vercel
durch die jugend zu Bern bey seinem durch-
paß angethane beschimpfung schmerzte die katholischen Eydgenossen so sehr, daß die Berner durch ihre Gesandten den schultheiß von
Mülinen, und den venner Gasser, zu Baaden
sich verantworten, und die Gesandten von
Zürich, Glaris, Basel, Schafhausen und
Appenzell in diesem geschäfte sich ihrer kräftig
annehmen mußten.

Der gemeldte Bischof aber hatte den samen
der zweytracht rechtschaffen ausgestreuet, und
seinen glaubensverwandten einen heftigen eyfer beygepflanzt; etliche der Stadt Basel ver-
burgerte, die unter das Bisthum gehörten,
wurden zum gehorsam gegen die geistliche ge-
richtsbarkeit vermahnt, auch die Münsterthaler, die mit Bern verburgert sind, wurden
durch allerhand mittel in versuchung gesezt,
die bernerische Kirchenreformation zu verlassen,
ein gleiches thate man im St. Immerthal,
und andererseits redeten die katholischen davon,

das

das Bisthum Lausanne wiederum mit einem Prälaten zu versehen.

1581.

Der bisherige Titularbischof sollte seine wohnung zu diesem ende zu Freyburg aufschlagen, allein die Freyburger befürchteten die Berner damit zu beleidigen, und liessen durch den schultheiß Heyd, und sekelmeister Wild, ihre Gesandten, zu wissen thun, daß sie dieses abgeschlagen.

**Vorschlag das Bißthum Lausanne wieder aufzurichten.**

Der Herzog von Savoy machte auch neue schwierigkeiten der Stadt Genf, wie man durch den sindic Roset ihren Gesandten zu Bern vernehmen müssen, obwohlen die savoyischen Gesandten vorher bey ihrem durchzug durch die Stadt, um den bund ihres neuen Herzogen mit den 5. catholischen Orten zu erneuern, vor gesessenem Rath bezeuget, daß er das unter seinem vorfahren errichtete gute verständniß unterhalten wolle.

**Streit zwischen Savoy u. Genf.**

1582.

Man beschlosse deßwegen zu Bern auf allem fäll hin, sich verfaßt zu machen; man hielte 2000. mann gerüstet, welche Ludwig von Erlach Landvogt zu Orön commandiren solte, der sekelmeister Tillier wurde zum Herrn du Molart geschikt, um zu ergründen, was der junge Herzog möchte vor absicht haben; man liesse auf die Herzoglichen agenten zu Luzern und in Wallis achtung geben, der schult

**Die Berner sezen sich gegen Savoy in gute Postur.**

schultheiß von Wattenweil, Marquard Zehen- 1582.
der, David Tscharner und Sebastian von——
Stein wurden zum Herzogen selber gesendet,
man legte besazungen in Morsce, Reuß und
Roll, auf welche der gemeldte Ludwig von
Erlach und Peter Koch die aufsicht haben
sollten.

Der Herzog bediente sich des vorwandes Anerbie-
der bernerischen wehrverfassungen, um aus- ten der
zustreuen, er müßte eines feindlichen überfalls schaft
von seiten dieser Republik gewärtig seyn. Wallis.
Der Bischof und Landvogt von Wallis schikten Anthoni Mayenzet landhauptmann, und
Jost Kalbermatter nach Bern, mit anerbietung sie wollen trachten, zwischen diesem Canton und dem Herzogen, den frieden wiederum herzustellen, und falls der Herzog, anstatt darein zu willigen, die waffen ergreiffen
sollte, alsdann den bünden gemäs mit leib
und gut den Bernern beyspringen.

Dieser antrag wurde mit dankbezeugung Fortse-
angenommen, indessen langte eine eylende tung der
Rathsbottschaft von Genf an, diese brachte Uneinigkeit zwi-
mit, es seyen schon etliche verräther hingerich- schen Sa
tet worden, welche bekennt, daß der Her- voy, Genf
zog eine verrätherey angesponnen, und be- u. Bern.
dauert, daß sie sich auch dazu haben gebrauchen lassen; es seyen alle tage viel kriegesvolk
nach

1582. nach Thonon, auf dem marsch, der Landvogt von Gex habe ihnen den proviant in den
3. Vogteyen vorenthalten, und andere sachen
klagten sie noch mehr; diese Rathsbottschaft
vermeldete weiters, Genf seye mit einer genugsamen und wohlgeübten besazung versehen,
könnte auch wegen mangel proviants selbige
nicht vermehren; sie sagten dieses vielleicht,
damit die Berner ihnen nicht würklich eine
besazung anerbieten, weil sie allezeit gegen dieselben ein geheimes mißtrauen hatten, deßwegen baten sie, daß nur auf den nothfall, die
Städte Bern und Solothurn 600. mann in
ihre Stadt zu legen, möchten fertig halten.
Endlich sagten sie noch, die Herren von Mandelot und Hautefort, des Königs in Frankreich seine sachwalter seyen dieser umstände
berichtet worden, und hätten alle hülfe und
beystand versprochen.

Die Städte Zürich, Basel und Schafhausen schienen auch zu einer thätlichen hülfe,
zu gunsten der Stadt Genf entschlossen; gesamte Eydgenossen schrieben auf begehren der
Stadt Bern dem Herzogen ernstlich, seine gegen Genf und die bernerischen gränzen heran
gerükten völker zurukzuberuffen, und sich aller
feindseeligkeit zu enthalten. Damit liessen sie
es aber nicht bewenden, sondern schikten noch
4. Gesandte an den Herzog, indessen kamen
die

die 4. bernerischen Gesandte aus Savoy zu-  1582.
rük, und brachten eine unfreundliche antwort ▬▬▬▬
mit sich, worauf man sich zu Bern entschloſſe,
die zu Neus und daherum gelegene welsche besazungsknechte mit 400. soldaten, meistens hakenschüzen aus dem deutschen Berngebieth, ab-
zulösen, in Freyburg, Solothurn, Genf und
Wallis Rathsbotten zu schiken, und den beyden schultheiſſen von Wattenweil und von
Mülinen samt Herrn Niklaus von Diesbach
aufzutragen, zu Fraubrunnen eine konferenz
mit den französischen sachwaltern zu halten.

Hierauf kam bericht von Genf, wie die
sperrung des passes zu waſſer und zu lande in
kurzem zu besorgen seye; wie das feindliche
kriegesvolk zu Ger, Thonon und Versoi sich
vermehre, und die umstände täglich bedenklicher werden. Es erfuhren auch die Berner, was
der neid so gar unter verbündeten Staaten
vermag, wenn sie schon das gemeine beste genau verbinden sollte. Die Cantone Ury, Schweiz,
Unterwalden und Zug, scheueten sich nicht
dem Herzogen etliche fahnen ihres kriegesvolks
zu bewilligen, und auf gethane vorstellung
entschuldigten sie sich zwar damit, sie hätten
eingedungen, daß man sie nicht wider Genf,
sondern besazungsweise weit davon, im Herrzogthum Savoy, gebrauchen solle, hernach
aber hat sich das widerspiel gezeigt.

II. Theil.          L          Hin-

Hingegen erbotten sich die Cantone Zürich,
Basel, Freyburg, Solothurn, Schafhausen
und die Walliser, diesem kriegesvolke den
paß durch ihre gränzen abzuschlagen, und den
Genfern und der Stadt Bern behülflich zu
seyn; der König in Frankreich versprache
alles zu erstatten, was seine sachwalter in seinem namen versprochen hätten.

Hernach kamen die 4. eydgenößische Gesandten auch zurük, und brachten eine sehr zwey-
felhaftige antwort von dem Herzogen: die
Stadt Bern verehrte einem jeden 200. Cr.
vor seine gehabte müh.

Dieser schlechte fortgang der frieblichen vermittlungen bewoge die Berner 2000. mann
ins Welschland zu schiken, mit 8. stüken feldgeschüz. Indessen erschienen vor Räth und
Burger zu Bern den 9ten augustus die französischen sachwaltre Hautefort, Mandelot und
Fleurl, samt den Gesandten von Zürich,
Glaris, Basel, Freyburg, Solothurn, Schafhausen und Appenzel, die trachteten die sachen noch in der freundlichkeit beyzulegen, und
verlangten eine tagsazung zu Solothurn auf
den 19ten gleichen monats; da noch ohne
berührung der hauptpunkten abgeredt wurde:
es sollten beydes die savoyischen und bernerischen truppen aus dem felde marschieren;
aber die besazung bliebe noch in Genf.

. Dieser waffenstillstand wurde nicht zum 1582.
besten gehalten: der Herzog ließ eine besazung
in der Claus, und fuhr fort neue zölle abzu-
fordern, deßwegen wurde eine tagsazung auf
Michaeli gen Baaden ausgeschrieben, und
von den 12. Orten eine entscheidung der streitigkeiten zwischen Bern, Savoy und Genf
nöthig befunden: Bern aber wollte die Cantone Luzern, Ury, Schweiz, Unterwalden
und Zug, deren kriegsvolk wider Genf sich
gebrauchen lassen, und noch in Piemont sich
aufhielte, als partheyisch, mit den übrigen Orten nicht zu schiedrichtern annehmen. Also
bliebe dieses geschäft unerörtert, jedoch vertröstete sich der französische Ambassador Fleurt
auf eine frische tagsazung, die deßwegen auf
3. Königentag, des folgenden jahres, auch
zu Baaden sollte gehalten werden, und begehrte, daß die besazungsknechte zu Genf und
in der Claus indessen keine feindseligkeiten
begehen sollten.

Die Städte Freyburg und Solothurn aber
baten die Berner so inständig, daß sie ihnen
als schiedrichtern diese vermittlung vertrauen
möchten, daß sie sich endlich dazu verstehen
liessen, und diesen entschluß dem ausschreiben-
den Canton Zürich eröfneten. Allso war wider einige hofnug zum frieden vorhanden.

Bis

Bunds-
erneue-
rung mit
Frankr.

Bis dahin hatten Zürich und Bern die erneuerung des bunds mit Frankreich nicht annehmen wollen, sondern nur die 11. übrigen Orte hatten das leztemal darein gewilliget, als aber die französischen sachwaltre nun gesamte Eydgenossen, im namen des Königs, um die bundbestätigung ersuchten, und dem Canton Bern neben 10000. Fr. pension noch 4000. jährlich vor ihre spithäler anerbiethen liessen, wurde selbige angenommen, jedoch erst im jahre darauf vollzogen.

Schrei-
ben der
Königin
Elisabeth
wegen
Genf.

Die Königin Elisabeth, welche den englischen Thron nunmehr schon 25. jahre mit vielem ruhm besessen hatte, liesse sich neben dem interesse ihrer Krone, die erhaltung der protestantischen Religion sehr angelegen seyn, und schriebe den Städten Zürich, Bern, Basel und Schafhausen, daß sie die Stadt Genf in ihren nöthen doch nicht steken lassen, sondern selbige kräftig unterstüzen sollen. Es

Fortse-
tung der
Stritigk.
zwischen
Savoy
u. Genf.

fienge auch in der that der streit zwischen Savoy, Bern und Genf wiederum an, ernsthaft zu werden; auf zwey verschiedenen tagsazungen, die deßwegen zu Baaden gehalten worden, wurde nichts ausgerichtet. Das erstemal waren die savoyischen sachwaltre und die Gesandten der 5. Waldstädten nicht erschienen; und das andremal wollten sich erstere in keine vergleichungspunkte einlassen; also protestierte

stierte die Stadt Bern, wie das man ihr kei=
ne versäumniß der gütlichen mittel, und folg=
lich auch die folgen des krieges, nicht zur last
legen könne. Es wurde zwar dieses geschäft
noch auf etlichen tagsazungen, aber ganz frucht=
los, verhandelt. Hingegen hatten die Berner
noch vor ende des jahrs den trost, daß die
Städte Zürich, Freyburg und Schafhausen
ihnen das Welschland garantierten, und deß=
wegen brief und siegel von sich gaben.

Wegen einführung des gregorianischen Ka=
lenders in den gemeinen Vogteyen, wäre bald
eine ernsthafte zweytracht zwischen den 8. al= Einfüh-
ten Orten entstanden, wenn nicht selbige durch rung des
die 5. übrigen Orte noch zeitlich genug wäre neuen Ka-
lenders in
gehoben worden. der katholischen
Eydgenos
Die Herzogin von Longueville verfiele in senschaft.
neuen streit mit den Häusern Auy und Tour=
niel, wegen der Graffschaft Valendys. Die
Graffschaftsleute selber, wären lieber unter der
regierung der Stadt Bern, oder eines von
beyden gemeldten Häusern, geblieben; al=
lein die Berner unterstüzten die Herzogin in
ihrer besizung, und bewogen die unterthanen,
ihr zu huldigen.

Als in diesem jahre David Tscharner mit
einem begleit von etlichen des Raths und der
burgerschaft, als Landvogt gen Baaden auf=

1584. gezogen, wurden sie gen Zürich eingeladen, recht eydgenößisch bewirthet, und ihnen viel ehre angethan. Hierauf wurden die Zürcher auch gebetten, nach Bern zu kommen; sie waren 300. personen zu pferd, und wurden von einer schönen anzahl bewafneter mannschaft aus der Stadt, und von den 4. Landgerichten, samt 200. welschen hakenschüzen, empfangen. Sie blieben 3. tage lang, und wurden mit gleichen ehrenbezeugungen aus der Stadt begleitet. Dergleichen höflichkeiten sind bisweilen gut, die freundschaft zwischen zween Staaten fortzupflanzen, die einander so nothwendig sind, wie Zürich und Bern.

Erdbeben zu Aelen

Kurz vor diesem freudenfest war ein heftiges Erdbeben zu Aelen gewesen. Es hatte schon eine geraume zeit zuvor das ansehen gehabt, wie wenn der hohe berg ob Corbeiri und Yvorne einen spalt bekommen, und sich etwas bewegen wollte; die einwohner gemeldeter zwey dörfern wurden von den Wallisern, die jenseit des bergs wohneten, und dieses bemerkten, treulich gewarnet, sie thäten wohl sich zu flüchten, sie achteten aber diese warnung nicht, bis den 4ten may um mittagszeit der gespaltene berg das dorf Corbeiri ganz, vom dorf Yvorne aber den meisten theil, mit herd und steinen bedekte; 122. personen giengen zu grund, 66. jucharten reben, 112. meder

der mattland, und 66. jucharte akerland wur- 1584.
den überschüttet.

Nach dieser zeit hat Anthoni von Erlach,
landvogt zu Aelen, einen weingarten auf dem
herabgefallenen grund angelegt, da anjezo
der beste wein vom Kirchspiel Aelen wachsen
soll.  Der schutt aber ist so tief, daß man niemalen nichts hervorgraben können.

Obwohlen Genf vor einen schlüssel von der
Eydgenoßenschaft angesehen werden soll; so
hatte man doch die katholischen Orte, wegen
der ungleichheit von der Religion, niemalen
bewegen können, selbige als ein zugewantes
Ort in den eydgenößischen Bund aufzunehmen; Basel Schafhausen und reformiert Appenzel aber waren mit solchen gedingen in
die Eydgenoßschaft aufgenommen worden,
daß sie ohne die einwilligung der mehrern übrigen Cantonen mit aussern Staaten sich nicht
verbinden dorsten; hingegen traten Zürich und
Bern, nach etlichen deßwegen gehaltenen konferenzen, unter sonderbaren zuschirm ihres
gebieths gestellten artikeln, und zu beschüzung
der Stadt Genf, in einen bund, der den
18ten oktober in gemelter Stadt, und nachwärts auch zu Zürich und zu Bern geschworen wurde.

Bund zwischen Zürich, Bern u. Genf.

Zu

1584.    Zu gleicher zeit bewilligten die Glarner, zu
grosser freude der Stadt Bern, ihr das
Die Glar- Welschland forthin auch, wie ihr übriges ge-
ner wol-
len Bern biethe, zu garantieren.
auch das
Welschl.    Heinrich von Stein, oberster rittmeister,
garant. der einige zeit daher eine ziemliche anzahl reu-
Anerbie- ter in seinem dienst erhalten, ließ der Stadt
ten des
Rittmei- Bern, falls sie mit Savoyen in krieg verfal-
sters von len sollte, vermittelst einer anständigen kapi-
Stein. tulation, seine dienste anerbiethen; dieselbe
aber befande nicht vor gut, diese anerbietung
anzunehmen.

Unruh    Indessen entstuhnde eine gefährliche Unruh
in Bünd-
nerland. in dem Bündnerland. Die evangelischen Bündner wollten eine evangelische schule im Veltlyn aufrichten; da liessen sich auf anstiften der
benachbarten spanischen beamten in Italien,
und vielleicht der katholischen Bündner selber,
bey 800. banditen, die auf dem Comersee her-
umstreiften, verlauten, sie wollten selbige gleich
wieder zerstöhren; und zwangen die Bündner
die gränzen mit volk zu verwahren. Sie berichteten dieser umständen die eydgenößischen Gesandten zu Baaden, und baten, daß man sie
allenfalls mit eydgenößischen völkern unterstüzen möchte.

Die Berner beschlossen einen auszug den
Bündnern zu gunsten, von 5000. mann, welche

che Ludwig von Erlach, landvogt zu Oron,
und unter ihme Peter Koch, Niklaus Manuel, Hans Weiß, landvogt zu Sanen, und
Hans Daxelhofer, kommandieren sollten. Es
wurde aber diese unruh durch die eydgenößischen Gesandten vor diesesmal glüklich gestillet.

Der französische Ambassador, Herr von **1585.**
Fleuri, begehrte im namen seines Königs einen ===
volksausbruch von 6000. mann aus der Eyd- **6000.**
genoßschaft, die zogen in Frankreich unter **Eydgen.**
dem obersten Reding von Schweiz, und Heyd **ziehen in**
von Freyburg; Bern hatte zwey fahnen dazu **Frankr.**
gegeben, unter anführung Beat Jakob von
Bonstetten und Bendicht von Erlach: als man
sie aber wider den König von Navarra und
die Protestanten gebrauchen wollte, wurden
sie heim beruffen, und folgten als redliche burger dem befehl ihrer Obrigkeit.

In diesen bedenklichen umständen wurden
etliche büchsenschüzen aus der burgerschaft gen
Jfferten geschikt, die auf den paß ins Burgund fleißig achtung geben sollten, und damit
man von innen nichts zu befürchten habe, so
wurde einer einreissenden zweytracht zwischen Bern und Freyburg, noch zeitlich genug,
und glüklich, abgeholfen.

Im herbstmonate 1585. wurden Hans **Gesand-**
Escher von Zürich, und Niklaus Manuel, **schaft in**
**Savoy**
                                        nach

L 5

1585. nach Chamberi geschikt, um frisch entstandenen mißhelligkeiten, zwischen Savoy und Genf,
vorzukommen, und kamen mit dem empfang
und der antwort des Herzogen, wohl zufrieden nach hause.

und in
die Wald-
stätte. Bey anlas einer Gesandtschaft des Königs
von Navarra, um die ungerechte aufführung
der Ligisten gegen ihn, als nunmehrigen Kron-
erben, vorzustellen, und dem damaligen ver-
wirten zustand in Frankreich, sendeten die
4. evangelischen Cantone ihre Gesandte in
in die 5. Waldstätte, um derselbigen gesinnungen zu vernehmen. Sie wurden überall
freundlich empfangen, und man gab ihnen gute
worte; man konnte aber dennoch merken, daß
wegen der ungleichheit der Religion, die alte
wahre vertraulichkeit, nicht mehr vorhanden
ware.

Der Kö-
nigsbrun-
nen wird
in die
Stadt ge-
leitet. Es wurde noch in diesem jahre der sogenannte Königsbrunnen, durch die geschiklich-
keit Niklaus Strassers, eines zürcherischen
Predikanten, der dieses werk unternommen,
nachdem es schon etliche mal mißlungen ware,
in die Stadt geführt; man hatte vorher schon
so oft vergeblich daran gearbeitet, und so
viel kosten damit gehabt, daß es zur warnung
und abhaltung fernern versuchs, in der Stadt
jahrbuch zu verzeichnen befohlen worden.

Im

Im jahre 1586. entstuhnde eine Unruh 1586.
zu Müllhausen, die eine grosse zweytracht
unter den Eydgenossen nach sich zoge. Zween Anfang der Unruh zu Müllhausen.
gebrüdere Fyninger, bekamen mit einem andern
burger von Müllhausen streit, wegen einem
kleinen wäldlein, so damals nicht mehr als
12. Cr. werth geachtet wurde, und citierten
ihn vor eines gewissen benachbarten edel-
manns gericht, in dessen gerichtsherrlichkeit
dasselbige gelegen ware; der andere wollte ihnen nirgendswo, als vor gemeinem stadtrecht
zu Müllhausen, davor rede und antwort geben. Hierauf wurde einer von den Fynin-
gern, wegen einem begangenen frevel, in die
gefangenschaft zu thun erkannt. Sie verliessen aber die Stadt mit weib und kind, sezten
sich zu Basel, und brachten es mit fürbrin-
gung ihrer klagpunkten in der Eydgenoßschaft
dahin; daß die 7. römischkatholische Orte,
und Appenzell, sich ihrer annahmen, und,
ungeacht die Stadt Müllhausen sich verant-
wortet, dennoch den landammann Tanner
von Ury, und den sekelmeister Büller von
Schweiz, dahin schikten, um die burger zu nöthigen, die Fyninger wider aufzunehmen, die
sich selbst verwiesen hatten. Diese trozten nun
so sehr mit dieser gesandtschaft, die sie begleitet hatte, und führten sich so unverschämt
auf, daß man sie in arrest legte; worauf die
zween

1586. zween Herren von Ury und Schweiz voller
zorn sich noch des gleichen tags aus der stadt
begaben: hernach schikten die gemeldten 8.
catholischen Cantone die bundsbriefe, mit abge-
schnittenen siegeln, nach Müllhausen zurük.
Indessen liessen sich die Städte Zürich,
Bern, Basel, Schafhausen und die Landschaft Glaris, so sehr angelegen seyn, dieses
feuer zu löschen, daß die Fyninger durch ihre vermittlung wieder auf freyen fuß gestellt
wurden. Sie gebrauchten aber diese freyheit,
die burgerschaft wider den Magistrat aufzuwie-
geln; der stadtschreiber Oseas Schillinger wurde von derselbigen in die bande gelegt, der
burgermeister Ziegler aber entsezt, und ihme
der hausarrest gegeben. Nachwärts wurden
sie sogar an die folter geschlagen; und weil
die evangelischen Eydgenossen den Magistrat,
die catholischen aber die burgerschaft unterstüzten, so nahm dadurch die feindschaft zwischen beyden partheyen dergestalt überhand,
daß keine friedlichen mittel etwas mehr ver-
fangen wollten. Deßwegen geriethen endlich
die evangelischen Orte auf den gefährlichen
entschluß: den Magistrat, mit gewalt der waffen, zu unterstüzen, welcher entschluß die Eydgenoßschaft gar leicht gänzlich hätte zerstöhren
können, wenn nicht eine obere hand vor selbige gewachet hätte. Die von Basel schikten
den

den Hauptmann Irmi mit 500. mann vor 1582.
Müllhausen, die zugänge der stadt einzuneh=
men und zu verwahren; diesen folgten 600.
Berner, unter Ludwig von Erlach, auf dem
fusse nach. Zürich gab 500. Schafhausen 300.
mann, und die Glarner schikten auch etwas
volks.    Indessen aber hatte die burgerschaft
eine besazung von 200. mann, meistens vor=
derösterreichischer unterthanen, in die stadt
genommen.    Die von Bern und Basel zogen,
ohne erhaltene bewilligung, jedoch ohne die
geringste feindseligkeit und mit baarer bezah=
lung des proviants, über österreichischen boden,
und lagerten sich im Dorf Jlzach, von dan=
nen bemächtigten sie sich noch des gleichen
abends, durch die gute aufführung Anthoni
von Erlachs, der bruk über die Jll; die übri=
gen Eydgenossen lagerten sich zu Bidersen,
bald darauf eroberte Ludwig von Erlach, mit
vieler klugheit und tapferkeit, die stadt in ei=
nem nächtlichen sturm, nachdem sich die bur=
gerschaft, und sonderheitlich der im tumult er=
wehlte burgermeister Jsenflamm, und ein ge=
wisser Martin Tummel, recht herzhaft gewehrt
hatten.    Nach erhaltenem bericht von dieser
glüklichen eroberung wurden von den 5. Or=
ten Gesandte nach Müllhausen deputiert: von
Bern aus gingen Niklaus Manuel und Mar=
quard Zehender, um die ordnung in Müll=
hausen

1586. hausen wiederum herzustellen, sie erwehlten den Rath, machten Hans Hartmann zum burgermeister, übergaben ihm das siegel der Stadt. Von jeder von den 4. evangelischen Städten, wurden 150. mann zur besazung hinderlassen. Also endigte sich dieser müllhauser krieg. Es ist unbegreiflich, daß die catholischen Orte diesem allen so gedultig zugesehen, und die burgerschaft, deren sie sich anfangs eyfrig angenommen, auf einmal gänzlich haben im stich gelassen. Es war aber zugleich ein grosses glük; denn wären sie so hizig gewesen wie die Evangelischen, so hätte die ganze Eydgenoßschaft in brand gerathen können. Wir wollen jezund kürzlich berühren, was sich indessen zugetragen hat.

Gesandtschaft in Frankr. Es wurde eine gesandtschaft von den evangelischen Städten an den König in Frankreich geschikt, um zu trachten, selbigem bessere gesinnungen vor die Protestanten beyzubringen, und ihne ihrer entschlossenheit, die vereinigung und den ewigen frieden vest zu halten, ehrerbietig zu versichern. Die Gesandten von Bern, waren der schultheiß von Müllinen, und Anthoni Gasser; sie wurden jeglicher mit einer goldenen kette beschenkt.

Zu gleicher zeit hatte Ludwig von Erlach befehl, mit dem Hrn. de la Noue sich zu unterkerreden, der zu Mümpelgard war, wie 1586. man allenfalls einem feindlichen einfall, von seiten der Ligisten in Frankreich, begegnen könnte; er hatte die gefälligkeit gegen die Stadt Bern, daß er selber die gränzörter im Welschland besichtigte, und anweisung gab, wie selbige zu befestigen wären.

Der König von Navarra schriebe auch an die Republik, um von der damaligen ziemlich guten beschaffenheit der protestantischen par- they, deren haupt er war, bericht abzustat- ten, und sie zu warnen, daß wider sie und die Genfer etwas auf dem tapet seye; da nun dieses durch die feindlichen zurüstungen in Italien, und sonderlich in Piemont bekräf- tiget wurde, trachteten die Cantone Zürich, Glaris und Basel die übrigen dahin zu ver- mögen, das Welschland den Bernern auch zu garantieren: allein es war nichts auszurich- ten.

Indessen fienge der Herzog von Savoy, Carl Emanuel, von frischem an, den Genfern den kauf abzuschlagen; er hinterhielte ihnen, und etlichen bernerischen unterthanen, die zin- sen, zehenden und eigene früchte hinter Savoy, und stellte auch von neuem kriegsvolk auf die gränzen, liesse geschüz herzuführen, und gros- se und kleine schiffe zubereiten.

Neue Feindse- ligkeiten des Her- zogen v. Savoy gegen Genf.

Als

**1586.** Als dieses durch eine gesandtschaft der Stadt Genf zu Bern kundbar worden, schikte man Marquard Zehender gen Zürich, um hülfe zu begehren, den Samuel Meyer gen Basel und Müllhausen, und Bendicht von Erlach gen Schafhausen, um korn aufzulauffen; wie auch eine gesandtschaft gen Solothurn, nemlich Bernhard von Erlach, und Anthoni Gasser, um zu vernehmen: ob diese Stadt, laut traktat eine fahne gen Genf in besazung zu legen willig seye. Von Bern aus wurden 2. fahnen dahin gesendet, unter den hauptleuten, Beat Jakob von Bonstätten, und Hans Rudolf Tillier.

Die Zürcher zeigten sich ganz willig, und hielten eine fahne zum auszug fertig; die Solothurner antworteten: sie seyen auch bereitet auszuziehn, sie verneynen aber, es seye noch keine solche gefahr vorhanden, daß Genf weder eine besazung, noch das zu seinen gunsten bey ihnen hinterlegte französische geld, vonnöthen hätte.

Die zu den gränzörtern bestimmten büchsenschüzen aus den 4. Landgerichten, wurden zwar zu haus gelassen, als aber die Gesandten Ludwig von Erlach, Niklaus Manuel, und Bernhard Tillmann der jüngere, welche die pässe besichtigen, die unterthanen aufmahnen,

nen, hierauf gen Genf, und von dannen 1586.
nach Gex zum dortigen savoyischen stadthalter reisen sollten, keine gute gesinnungen von
seiten des Herzogen wahrnehmen konnten,
wurden 2. fahnen von Bern, und eine von
Zürich im herbstmonat nach Genf geschikt.

Hernach wurde nicht nur der auszug mit
dem panner beschlossen, sondern es wurden
noch überdas 17. hauptleute über freye fahnen (oder compagnien) gemacht, auch 1000.
welsche schützen fertig gehalten ; Bernhard
Tillmann wurde zum obersten, und Wilhelm
von Diesbach zum hauptmann der welschen
reuterey, und der vasallen verordnet; die eydgenößischen besazungsknechte hätten gerne hie
und da einen ausfall gewagt, da dieses aber
dem empfangenen befehl ganz zuwider liefe,
konnten sie doch die hauptleute daran hindern.

Indessen zogen 2000. Spanier, die den
Genfern am meisten schreken gemacht, in die
Niederlande, und gleich darauf wurden die
besazungsknechte wieder nach hause beruffen.
Der Magistrat von Bern hatte den Freyherrn Ulrich von Bonstetten in Frankreich
geschikt, um dem König die Stadt Genf anzubefehlen, er brachte aber eine kaltsinnige
antwort zuruk; der haß gegen die protestan-
tische Religion, deren Genf zugethan war,

II. Theil          M                    ward

ward mehr zu rathe gezogen, als das beste der Krone.

1587. Indessen warbe Balthasar von Griffach, der königliche dolmetscher, etliche fahnen in der katholischen Eydgenoßschaft vor den König, und viele haben ihren weg über Ifferten genommen.

Der bund der 7. katholischen Orten mit Wallis, und der bund der Cantonen Luzern, Ury, Schweiz, Unterwalden, Zug und Frey-burg, kam den Evangelischen bedenklich vor, und bewoge die Berner von jedem Kirchspiel ihrer Landschaft, zween ehrbare männer, in die räth- und burgerstuben zu beruffen, ihnen durch den schultheiß von Müllinen, in beysehn des kleinen, und etlicher gliedern des grossen Raths, die wichtigen gegenwärtigen zeitum-stände vorzustellen, und sie zu vermahnen, ei-nen bessern dem Christenthum gemässern wan-del zu führen, und auf allen fall wohl ge-rüstet zu seyn, alle feindliche gewalt herzhaft abzutreiben.

Die begierde in den krieg zu lauffen, war damals so stark, daß abermalen etliche wel-sche unterthanen, darunter auch vasallen wa-ren, sich ins Dauphine, wider obrigkeitliches gebot führen liessen, sie wurden aber durch das ihnen zugestossene unglük genugsam gestraft.

Der

Der durchmarſch des Hrn. von Chatillon 1587. durch Granſon nach ſeiner niederlage im Dau‑ phine, hatte die Freyburger als mittherren dieſer Landvogtey ſehr aufgebracht; und ſie ſchikten deßwegen an den Stand Bern, die Berner aber ſuchten ſie zu beſänftigen, und meldeten ihnen, ſie haben dieſen unbefragten durchzug auch nicht gutgeheiſſen, und ihm ſchleunig entbieten laſſen, den angehörigen die‑ ſer Vogtey kein leid zuzufügen, ſondern eine genaue mannszucht zu beobachten.

Der Hr. von Chatillon ſchmeichelte ſich, die Berner werden noch mehr vor ihn thun, und bate ſie, daß ſie durch ein ſchreiben an die Regierung von Enſisheim, ihme dortigen paß verſchaffen helfen, er wurde aber abge‑ wieſen, deßwegen zoge er durch Neuenburg, das St. Immerthal, und des Biſchofs von Baſel gebieth, den nächſten weg in Frankreich zurük.

Im anfang des heumonats zogen 3. regi‑ menter, eines von Zürich, das andere von Bern, und das dritte von Baſel dem König von Navarra zu gunſten, und wie es ſcheint, mit geheimer zulaſſung ihrer Obern in Frank‑ reich; ſie litten aber ſehr viel auf dem weg, viele, und zwar von den erſten geſchlechtern von Bern ſtarben, darunter auch Bernhard

M 2 Till‑

1587. Tillmann, der bernerischer oberster war; und die andern wollten in ihrem unwillen wegen mangel proviants und rükständigem sold wieder nach hause kehren, wurden aber mit versprechungen zurükgehalten, bis bald darauf sie durch die königlichen völker dergestalten ins gedränge kamen, daß sie einen freyen abzug, jedoch mit empfang einer ziemlich beträchtlichen summe geldes annehmen mußten, eh ihnen der König von Navarra, der aus Gascogne siegreich heranrukte, beyspringen konnte.

Das Bernerregiment wurde in diesem kriegeszug so übel zugerichtet, daß seit den italiänischen kriegen kein solcher verlust an mannschaft soll wiederfahren seyn.

Die Neuenburger forchten sich von den Ligisten überfallen zu werden, und baten die Stadt Bern um hülfe, da wurde Bendicht von Bonstetten, die päsfe gegen das Burgund zu versperren, geschikt, die von Sanen und Aelen mußten nach Reus marschieren, und 2000. mann wurden aus der Stadt, den 4. Landgerichten, dem Emmenthal und den Städten Thun und Burgdorf zusammengezogen, und selbigen zum obersten gegeben Anthoni von Erlach, zum oberstleutenant, Hans Jakob von Diesbach, und zu hauptleuten Wolfgang Michel, Peter Risold, und Franz Guder,

der; Freyburg und Solothurn wurden kraft 1587.
des burgerrechts mit Neuenburg zur vertheydigung dieser Grafschaft aufgemahnt, Zürich,
Luzern, Basel und Schafhausen, um getreue
aufsicht gebetten, Biel aber sich gerüstet zu halten, und wachten auszustellen; der Stadt
Nydau war der Tessenberg, der Stadt Erlach
die Zielbruk zu verwahren, anbefohlen. Man
hatte auch allerhand andere anstallten gemacht,
zu allem glüke waren sie vergebens, die Ligisten nahmen einen andern weg, und über-
sielen die Grafschaft Mümpelgart.

Im jahre 1588. ließ die Stadt Sedan, 1588.
die protestantisch war, die Stadt Bern in
betrachtung alles dessen, so sie von den Katholischen ausgestanden, um eine steuer bitten, die ihr aber abgeschlagen wurde.

Es ersuchte auch der Graf von Mümpelgart die Republik, ihn wider den überfall der
Ligisten, und die grausamkeiten, die sie im
lande verübten, zu beschüzen; er konnte aber
nichts, ungeacht der lebhaften vorstellung seines jammers, erhalten. Die Berner wendeten alle sorge dahin, wie sie diese feinde
von ihren eigenen gränzen abhalten könnten,
die Ligisten zogen endlich von selbsten ab,
nachdem sie mit würgen und brennen alles
verwüstet hatten.

M 3 Der

1588. Der König in Frankreich wußte wohl, daß man zu Bern wegen dem elenden zustande, in welchem das regiment Tillmann zurückgekommen, maßleidig wäre, deßwegen trachtete er die neigung dieses Staates wieder zu gewinnen, und entschuldigte sich in einem Schreiben vom 29sten jenner 1588. Bey diesem anlas wurde die aufführung der hauptleuten untersucht, und unschuldig befunden. Die Zürcher aber liessen 3. hauptleute ihres regiments mit dem Schwert richten.

Wegen diesem kriegeszug kamen noch klagen von seiten des Bischofs von Straßburg, welcher den von den Eydgenossen im durchmarsch ihme angethanen schaden sehr hoch schäzte, man entschuldigte sich nochmals damit, daß die Obrigkeiten ihrer burgern und unterthanen nicht meister gewesen.

Um diese zeit machten die Städte Zürich, Bern und Straßburg einen bund.

Den Herzog von Savoy schmerzte, das Welschland, das erb seiner väter in bernerischen händen zu lassen. Wir haben oben gesehn, das er mine gemacht, selbiges mit offener gewalt der waffen wieder zu erobern. Nunmehr wandte er sich zu geheimen listigen anschlägen, und fienge damit an, daß er trachtete durch conspiration die Stadt Lausanne in
seine

feine gewalt zu bekommen; feine klienten ſtreu-
ten aus, er werde ſie bey ihrer Religion ungekränkt laſſen, ihr das münzrecht geben,
und den halben theil des Dorfes Pulliez, ſamt
den gütern des kloſters zueignen, die burger
werden der Berner landgüter daherum ſich
anmaſſen können, und die ihnen ſchuldige ka-
pitalien zu bezahlen überhoben ſeyn. In
dieſe conſpiration traten der burgermeiſter
Daur und ſein ſohn, Michael Sainelerge
Blutrichter, und viele andere mehr; ſie wurde eben, als ſie ausbrechen ſollte, durch Clau-
dium de Crofaz von Chebres, glüklich entdekt;
nachdem die vorrükung der ſavopiſchen völker, an das jenſeitige Ufer des Genferſees,
ſchon einiges aufſehen gemacht hatte. Der
Rath zu Bern bekam bericht davon, durch
Marquard Zehender, landvogt zu Lauſanne
und David Tſcharner, damals landvogt zu
Iſſerten, und ſchikte hierauf Hans von Büren, venner, und Bendicht von Erlach, des
groſſen Raths, dahin, um genaue kundſchaft
aufzunehmen. Beat Jakob von Bonſtetten,
landvogt zu Morſee, ſchikte man wegen dieſem
geſchäft an den franzöſiſchen Hof, 1000. mann
aber, die man gleich anfangs aufgebotten hatte,
wurden auf erhaltene nachricht, daß die gefahr vorüber ſey, wieder abgedankt.

M 4                    Noch

1588.

Die besazung von Müllhauf wird abgedankt.

Noch im gleichen jahre wurde die eydgenößische besazung zu Müllhausen wieder heimberuffen, weil dorten alles wieder still und sicher schiene.

1589.

Eydgenößische Gesandf. in Frank.

Im anfang des 1789sten jahres verreißte eine eydgenößische bottschaft in Frankreich, zu abforderung der rükständigen schuldigen geldsummen; sie kamen aber mit blossen vertröstungen zurük.

König Heinrich der III, wird erstochen, ihm sucediert Heinrich der IV.

Als hierauf König Heinrich der III. von einem fanatischen katholischen Pfaffen erstochen worden, ließ sich sein rechtmäßiger Thronfolger, der König von Navarra, durch seinen Ambassadoren, und auch schriftlich in die fortsezung der alten guten nachbarschaft bey gesammten Eydgenossen anbefehlen.

Der Herzog v. Savoy entschuldigt sich über die Conspiration von Lausanne.

Der Herzog von Savoy trachtete, durch einen Gesandten an die Stadt Bern, den gegründeten verdacht, daß er die conspiration zu Lausanne angesponnen, von sich abzulehnen; allein er fande schlechtes gehör, die Repuplik gab ihren verordneten auf die tagsazung

Sie wird ihm von den Eydgenossen verwiesen.

befehl, sich über die aufführung des Herzogen zu beklagen, die savoyischen sachwalter gaben zwar eine schriftliche verantwortung ein, derselbigen aber ungeacht nahmen sich die übrigen Cantone bey diesem anlas der Stadt Bern gut Eydgenößisch an; sie liessen den

Her-

Herzogen ihren unwillen vernehmen, und be= 1589.
gehrten, daß ausser der besazung von der Claus,
er alle übrigen in der nachbarschaft von Genf
abschaffen sollte; die Genfer, wider den ge=
brauch freyer städten, welche gewöhnlich nach
dem frieden sehnen, wünschten den krieg,
entweder weil sie wegen so vielen erlittenen
bedrängnissen erbittert waren, oder aber in
hofnung, ihr enges gebieth ein wenig erweitern
zu können.

Indessen ließ der neue König in Frankreich
dem Stand Bern durch den Herrn von
Sancy, zween vorschläge thun, unter denen
sie wehlen könnten: entweder sollte die Re=
publik den krieg wider Savoy führen, und
er ihnen so viel volk darzugeben als ihm mög=
lich seye, oder aber er wolle selbigen führen,
und Bern solle ihm dazu eine stattliche summe
geldes entlehnen, vor welche er ihnen seine ge=
genwärtige güter und einkünfte und auch die
Herrschaften, die er in diesem krieg erobern wer=
de, verpfänden wolle, auch solle ihm die Repu=
blik einige mannschaft zukommen lassen; die
Berner nahmen den leztern vorschlag an, mit
dem beding, daß der König zuerst mit ihrem
kriegesvolk die Herrschaften Gex, Thonon und
Ternier einnehmen sollte, und selbiges erst
hernach zu eroberung der Marggrafschaft Sa=
luz gebrauchen, ferners solle er ihnen hernach

*Vertrag des Kö= nigs in Frank.*

M 5   die

1589. die 3. Vogteyen an ihre gehabte kösten überlaſſen, und ohne ihre mitſtimmung mit Savoy
keinen frieden ſchlieſſen.    Der König hätte
gern bey 3000. mann gehabt,  man wollte
ihm aber nur etliche fahnen bewilligen, jedoch die franzöſiſchen ſachwalter waren ſo geſchikt, daß ſie in der Eydgenoßſchaft 3. regimenter zuſammen brachten.

3. Regi-
menter
ziehen in
Frank.
Das erſte im Canton Bern, darüber war
oberſter Ludwig von Erlach; das andere im
Canton Solothurn, darüber war oberſter Lo-
renz Aregger, altſchultheiß;  das dritte war
aus Bündten, unter dem oberſten Hartmann
von Hartmannis.   Indeſſen thaten die Genfer  mit dem franzöſiſchen kriegesvolke, das
ſich  allbereit in ihre ſtadt verſammelt hatte,
zween ausfälle; den erſten ins Faucigni, da
man plünderte, und etliche päſſe eroberte; den
andern gegen die Claus, die man zwar nicht
gewinnen konnte, hingegen bekamen ſie das
Schloß und den Fleken Gex in ihre gewalt.

Zu anfang des maymonats zogen die drey
ſchweizeriſchen regimenter durchs Welſchland
in Savoy, und traffen die Franzoſen an, die
noch in ziemlich geringer zahl mit eroberung
der Claus beſchäftiget waren.   Der Herzog,
der nunmehr den ernſt ſahe, trachtete ſich mit
Bern wieder zu verſöhnen, allein man war
ſeiner

feiner ränken müde, und er wurde kurz abgewiesen.

Die 2. hauptleute Hans Jakob von Diesbach, welcher zu Reus, und Conrad Rubeli,
der zu Chillon, Morsee, und dazwischen dem
see nach zu kommandieren verordnet worden,
schienen begierig dem Bernerregiment in
die savoyischen lande mit ihren untergebenen
nachzufolgen. Sie bekamen aber befehl bey ihren posten zu bleiben.     Der damalige landvogt von Reus, Hans Rudolf Wurstenberger hatte würklich auf den gränzen vortrefliche
anstalten gemacht, und die feindlichen wachten zurükgetrieben.

Auf begehren des französischen Ambassadors,
hatten die Berner noch 3. kartaunen, und
6. feldstüke, samt 300. mann bewilliget; die
Stadt Thonon ergab sich mit dem Schloß
an die regimenter von Bern und Solothurn,
da anderseits die reuterey von den Savoyern
zurükgetrieben wurde; vor Ripaille aber ward
das glük den Franzosen und Eydgenossen gewogen, und dieser ort mußte sich auf gnade ergeben; nachdem der Graf von Martinengo von
ihnen in die gebirge zurükgetrieben worden.

Auf dieseshin wurde die besazung zu Lausanne abgedankt, und nur bey 30. mann blieben im Schloß; der Herr von Sancy faßte
in

1589. indeſſen den entſchluß die feinde ſeines Königs
zu nöthigen, ihre völker zu theilen, zu dieſem ende über Mümpelgart nach Langres zu
ziehn, und den Bernern die ſorge zu überlaſſen, die eroberten pläze wider eine heranna-
hende ſavoyiſche armee, unter kommando des
Hr. von Rumilli zu vertheidigen; die Berner beſorgten nicht ohne grund, die laſt des
krieges werde alſo auf ſie alleine fallen, und
beſchwerten ſich darüber; er wußte ſie aber
ſo künſtlich zu gewinnen, daß ſie dieſes vorhaben endlich billichten, mit dem beding, daß
3. fahnen von ihrem regiment zurükbleiben
ſollten. Es blieben hernach 5. anſtatt 3,
und es wurden 3000. mann friſch aufgebotten, und in die gewonnenen pläze verlegt,
darüber Ludwig von Erlach das kommando
haben ſollte, und die hauptleute waren, Hans
Rudolf von Bonſtetten, Sulpitius Brüggler, David Michel, Wolfgang Michel, Hans
Daxelhofer, und Jmmer Berſeth. Es wurden doch die Berner und die Genfer von franzöſiſchen hülfsvölkern nicht gänzlich entblößt,
es blieben 3. ſchwadron reuter, und 6. compagnien fußvolk bey ihnen in Savoy.

Liſt des
Herzogen
v. Savoy. Der Herzog von Savoy trachtete hierauf,
die Berner mit friedensvorſchlägen in ihren
zurüſtungen aufzuhalten, und als ihm dieſes
nur zu wohl gelungen, ſezte er ſich indeſſen
in

in guten stand, brachte 8000. mann zu
fuß, und 2000. reuter zusammen, und
stele ganz unvermuthet in die Herrschaft Ternier; Als die Berner davon nachricht bekommen, und daß ihre völker in der Herrschaft
Gex auch verstärkung vonnöthen hätten, be-
schloßen sie 10000. mann mit dem panner
den ihrigen, und der Stadt Genf zu hülfe
zu senden; das oberste kommando wurde dem
altschultheiß Johannes von Wattenweil aufgetragen, sein pannerträger sollte seyn, Berchtold Vogt, venner im gerberviertel, und weil
er leibsschwachheiten hatte, so ward ihm einer
von den hauptleuten, Peter von Werdt zum
stadthalter verordnet; die übrigen hauptleute
und kriegesräthe waren, Ludwig von Erlach, Hans Anthoni Tillier, Hans Rudolf
Sager, Jakob Weiß, Peter Koch, Michael
Augsburger, Hans Weyermann, Hs. Zeender,
und Conrad Fellenberg; es wurde auch eine
anzahl reuterey und schüzen unter welschen
hauptleuten bestellt, und hingegen 400. reuter beurlaubet, die der Hr. von Sancy ihnen
zu gunst in Deutschland angeworben hatte.

Das panner zog den 17ten julius aus der
Stadt; als aber indessen der Herzog nochmals
den frieden anerbiethen ließ, so wurden Hans
von Büren, venner, und Vincenz Daxelhofer sekelmeister in Savoy geschikt, mit dem
be-

befehl: ſie ſollen zu einer konferenz Bonneville nicht annehmen, dagegen aber Evian,
St. Morizen, oder St. Julian in der Herrſchaft Ternier vorſchlagen.

Das panner war bis gen Gentour vorgerukt, und ſollte dorten ungeacht der unge-
dult der ſoldaten ſtill halten, und den ausgang der friedenshandlungen erwarten; als
man aber geſpürte, daß der Herzog nichts
ſuchte, als zeit zu gewinnen, um ſich beſſer
verfaßt zu machen, ſo langte der befehl an,
aufzubrechen, und es zoge das kriegesheer in
Savoy.    Den erſten auszug kommandierte,
wie gemeldet, Ludwig von Erlach, und den
zweyten, Johannes von Wattenweil; deſſen
ungeacht arbeitete man noch am frieden, und
es wurden aus dem beneriſchen lager,
Hans Rudolf Sager venner, gen Bern,
und Ulrich von Bonſtetten an den Herzog
geſendet, gleich darauf aber geriethen die beyden armeen an einander, es unterſtuhnden
der Marggraf von Aſt, mit 1000. reutern,
und der Freyherr von Armence, mit 800.
mann zu fuß, nebſt andern völkern, die zuſammen auf 4000. mann geſchäzt wurden,
den Bernern zu St. Joire den paß zu verſperren, allein ſie wurden in die flucht geſchlagen, über 2. ſchanzgräben getrieben, ihnen
2. reuterfahnen, und 4. ſtük feldgeſchüz ab-
ge-

genommen, 400. mann, worunter die Gra= 1589.
fen von Valsberg und Maßin, auch viel edel=
leute waren, blieben auf dem plaz; hierauf
eroberten die Berner die Schlöffer St. Joire,
und Bardonache, und hätten diesen sieg sich
wohl zu nuze machen können, wären nicht
unter ihnen viele hausväter gewesen, die nach
ihren familien sich sehnten, und lieber den aus=
gang der friedlichen unterhandlungen erwar=
ten wollten. Hr. Stettler macht bey diesem
anlas die verständige betrachtung, daß forglose
ledige foldaten, zum krieg viel tauglicher
find; es wurde in der that der tag auf den
7ten augustmonat angesezt, und die Berner
willigten endlich ein, daß die konferenz zu
Bonneville gehalten werde.

Dahin begaben sich bererischer seits, Abra=
ham von Graffenried, stadthalter des schultheif=
fenamts, Hans von Büren, venner, Antho=
ni von Graffenried venner, und Vincenz
Dafelhofer sekelmeister.

Sie richteten wenig aus, deffen ungeacht Die mei=
war der unwillen im lager so groß, daß man ster Ber=
das panner mitten im krieg heimberufen muß= ner gehen
te, es wurden nur 10. fahnen freywilliger se.
knechten aus dem deutschen Berngebiet, famt
etlichen Compagnien reuter und welscher schü=
zen, zu beschirmung der eroberten herrschaf=
ten

1589. ten zurükgelaſſen, das kommando davon erhielten Bendicht von Erlach, und Hans von
Diesbach, und unter ihnen waren hauptleute,
Antzoni von Erlach, Imbert von Diesbach,
Gerhard von Diesbach, Hans Wyß, Im-
berth Berſeth, Conrad Rubeli, Samuel Müller, und Peter Riſold. Es riſſen aber viele
von den zurükgebliebenen aus, und bald hernach eroberten die Savoyer die Stadt Thonon wieder, hingegen erfochte der Obriſt von
Diesbach einen vortheil bey der Claus. Zu
Bern fienge man an, nach dem frieden zu ſeh-
nen, und man ſagte dem franzöſiſchen Ambaſſador, der den krieg fortzuſezen anriethe:
weilen man vom König keinen beyſtand empfangen, ſo werde er nicht vor ungut halten,
wenn man einen anſtändigen frieden zu ſchlieſſen trachte; damit aber die Republik einen deſto
anſtändigern frieden erhalten möge, machte
ſie neue zurüſtungen zum kriege, und ſchikten
Hans Zeender des raths, mit grobem geſchüz,
unter begleit von 100. ſoldaten nach Gex,
verordnete auch einen friſchen auszug, dieweil
Ulrich von Bonſtetten zu erhaltung anſtändi-
ger friedensbedingen nach Savoy geſchikt wurde. Als er nach Collonges verreiſen wollte,
fand er, einem ergangenem gerücht zuwider,
ſeine landsleute in dem eroberten lande in guter poſtur, und der obriſt von Diesbach bate ihn
mit

mit ſeiner commiſſion nicht zu vaſt zu eylen 1589.
er habe ob den feinden würklich einen vortheil
erſochten, und hoffe ſie an dem folgenden ta=
ge zu ſchlagen. Das treffen erfolgte nicht,
und der Hr. von Bonſtetten bekam vom Her=
zog zur antwort: er würde ſich in keine frie=
denshandlungen einlaſſen, bis man ihm die
Herrſchaft Gex wiederum zugeſtellt. Es er=
eignete ſich zwar ein günſtiger umſtand vor
die Berner, der König in Frankreich gelang=
te endlich auf den franzöſiſchen Thron.

Deſſen ungeacht aber war man des krieges
zu Bern ſo müde, daß man vorläufig in
die zurükgebung der Herrſchaft Gex einwillig=
te, der Herzog hingegen ward ganz zum krieg
geneigt; und ſobald der von ihm dem berne=
riſchen Geſandten bewilligte waffenſtillſtand,
von nicht mehr als 4. tagen aufgehört, griffen
ſeine völker die Berner an, jagten ſie aus ih=
ren ſchanzen, und hätten ſie alle niederhauen
können, er führte ſich aber großmüthig gegen
dieſelben auf, und bewilligte ihnen den abzug
mit offenen fahnen, ließ ihnen auch auſſer
zweyen ſtüken das übrige geſchüz, Anthoni von
Erlach aber wurde als geiſel in das Schloß
Gex gebracht. Jedoch dieſe aufführung beflek=
te der Herzog damit, daß er 300. unter dem
hauptmann Boſſey geſtandene ſoldaten aus

II. Theil.      N      der

1589. der Herrschaft Gex, als rebellen, mit dem schwert umbringen ließ.

Dieser zufall verbreitete den schreken im ganzen Welschland herum, und als man selbigen zu Bern vernommen, wurde sogleich Räth und Burger gehalten. Man blieb bis zu mitternacht beysammen, und beschlosse die 5000. mann aus dem teutschen gebieth, so man zuerst aufgebotten, und hernach ihnen gegenbefehl ertheilt hatte, schleunig marschieren zu lassen. Der Herzog aber ließ seines erhaltenen vortheils ungeacht wieder friedliche gesinnungen bliken, und man kam beyderseits überein, zu Neus deßwegen eine konferenz zu halten; von seiten Bern wurden der schultheiß von Mülinen, der stadthalter Abraham von Graffenried, der oberste Ludwig von Erlach, und der sekelmeister Daxelhofer dahin geschikt.

Conferenz zu Neus

Ihr unterricht enthielte zween vorläufige artikel; erstlich die bestättigung des friedenstraktats zwischen Savoy und Bern, so unter des jezigen Herzogen seinem vater geschlossen worden, und daß die Genfer in gegenwärtigen frieden auch einbegriffen werden. In ansehung Genf, drangen die savoyischen Gesandten auf die erhaltung des vidomats vor ihren Fürsten, wozu sich die Genfer keineswegs

wegs verstehen wollten. Es begehrten auch 1589.
diese Gesandten, daß, falls Savoy mit Bern
einen besondern frieden schliessen würde, diese Republik den Genfern, falls sie sich mit
dem Herzog nicht vertragen könnten, keine
hülfe solle zukommen lassen; ein theil der
burgerschaft ware des krieges so müde, daß
sie diese harten bedinge annehmen wollten.
Die bessergesinnten aber stellten vor, wie viel
an dieser wichtigen gränzfestung, und schlüssel
der Eydgenoßschaft, gelegen seye, und brachten es dahin: daß Ulrich von Bonstetten, und
Hieronimus von Erlach, in Savoy geschikt
wurden, um zu trachten, von dem Herzogen
leydenlichere friedensbedinge zu erhalten.
Der ausgang dieses geschäfts wird unter
den begebenheiten des folgenden jahres, vorkommen.

Zu ende des gegenwärtigen jahres, wurden 1000. mann fertig gehalten, um unter
der anführung Hans Wyssen, und Hans
Rudolf Tilliers, den Städten Basel und
Müllhausen zu hülfe zu ziehn, falls dieselbigen
von den lotheringischen und spanischen völkern, die sich im Elsas zusammenzogen, sollten angegriffen werden.

Die Neuenburger, auf welche der Graf
von Mümpelgart eine ansprache machte,

N 2 wur-

1589. wurden zum gehorsam gegen die Herzogin von
Longueville vermahnt, und vertröstet, daß man,
falls sie sollten angegriffen werden, ihnen,
laut inhalt des althergebrachten burgerrechtens
beystehen werde.

Streit
zwischen
dem Bi-
schof von
Basel u.
der Stadt
Biel.

Zu gleicher zeit walteten einige streittigkei-
ten zwischen dem Bischof von Basel, und
der Stadt Biel; der Bischof bewilligte zwar,
daß die Herrschaftsleute vom Erguel zum
panner von Biel aufs frische schweren möchten, und also wurde dieser alte streit gehoben: allein er maßte sich hingegen des ganzen einkommens der Stift St. Immer an,
wider die verträge, briefe und siegel, die darüber nach der Reformation aufgerichtet worden. Er ließ auch zu diesem ende in gemeld-
tem Erguel ein kornhaus, zu einsammlung
der früchten, und einen thurm bauen, der
zu einer gefangenschaft vor diejenigen dienen
sollte, die sich gegen seine amtleute widerspänstig erzeigen würden. Die Stadt Bern
ließ die Bieler zum gehorsam gegen den Bischof, in allen schuldigen punkten, vermahnen,
und versprach ihnen dagegen ihren beystand,
falls er sie in ihren freyheiten und rechtsä-
men zu kränken, fortfahren sollte.

Es

Es wurde auch noch in diesem jahre zu 1589. erneuerung der bünden, Abraham von Graf= fenried, und Hans von Büren des kleinen, denne Peter von Werdt, und Hironimus von Erlach, des grossen Raths, in Wallis ge= schikt.

Bunds= erneue= rung mit Wallis.

N 3                    Zwan=

# Zwanzigstes Buch.

## Inhalt des zwanzigsten Buchs.

Die in Savoy geschikten Gesandten statten ihren Bericht ab. Fortsezung des Krieges zwischen Bern und Savoy. Neue Unruh zu Müllhausen. Würtembergische Ansprache auf Valendys. Neuer Streit zwischen dem Bischof von Basel und der Stadt Biel. Französische Sachen. Münsterthalische Sachen.

Dieses Buch haltet nur einen Zeitlauf von 4. Jahren in sich.

**1590.**

*Relation der in Savoy geschikten Gesandte*

Den 5ten jenner 1590. statteten die in Savoy geschikten Gesandte ihren bericht ab, vor Rath, und den 6ten darauf vor Räth und Burger, und sagten: die Genfer haben sich entschlossen, ohne französische einwilligung, und ohne gutheissen ihrer übrigen guten freunden, in keine friedliche handlung mit Savoy sich einzulassen, und was den Herzog anbelange, so fordere selbiger, daß vor allem aus, der frieden und bund mit Bern bestättiget, und geschworen werde, denn

wer-

werde es sich zeigen in der übrigen unterhand-	1590.
lung, wie gut seine gesinnungen seyen; das gleiche wiederholte der Hr. de la Bastie zween
tage hernach in des Herzogen namen; weilen nun dieses geschäft bedenklich vorkam, so
wurden in verschiedenen Quartieren des Berngebiets die gemeinden versammelt, und ihnen
durch angesehene männer des kleinen und grossen Raths die beschaffenheit der sachen eröfnet, um ihre gesinnungen darüber zu vernehmen. Ins Oberland giengen der venner
Gasser, und David Michel; ins Emmethal,
Hans von Büren, und Hieronimus von Erlach; gen Burgdorf, Hans Rudolf Sager,
und Vincenz Wyßhan; gen Landshut, Wan-
gen, Aarwangen und Bipp, Anthoni von
Graffenried, venner, und Hans Kymann;
gen Hasli, Interlaken, Brienz, Spiez und
Frutigen, Bartlome Knecht, und David
Krus; gen Arberg, Erlach und Nidau,
Hans Weyermann, und Wolfgang Michel.
Die unterthanen wurden wie billich, durch
diese gütige herablassung ihrer Obrigkeit gerührt, und baten dieselbige mit vieler bescheidenheit, in diesem geschäft, nach ihrem weisen
gutdünken, zu handeln. Jedoch konnte man
merken, daß überhaupt die friedensbedinge,
so der Herzog angeboten hatte, ihnen nicht
angenehm wären. Es ersuchten auch der fran-

1590. zöfiſche Ambaſſador, und die Geſandte der evangeliſchen Städte in der Eydgenoßſchaft, die Republik mit ſo vielem nachdruk, ohne einſchlieſſung der Stadt Genf, keinen frieden mit Savoy zu unterzeichnen, daß man ſich endlich einmüthig dazu entſchloſſe, und ſolches dem Herzog zu wiſſen thun ließ; jedoch mit beygefügtem anerbieten, keine feindſeligkeiten gegen einander zu verüben, und den handel und wandel, zwiſchen beyderſeitigen untertha-nen, offen zu laſſen.

Der krieg zwiſchen Savoy u. Genf fährt fort

Indeſſen währte der krieg zwiſchen Savoy und Genf immer fort, und die Genſer führ-ten ſelbigen, obgleich mit geringern kräften, jedoch mit glüklichem fortgang. Sie jagten ihre feinde bey etlichen anläſſen in die flucht, eroberten und zerſtörten das Schloß zu Gex, und bekamen auch die veſte Claus in ihre ge-walt, mußten aber ſelbige wieder raumen, um die Stadt Genf zu bedeken.

Es hatte der Baſtart von Savoy, den 11ten may mit 500. reutern und 4000. mann zu fuß, wegen zagheit und nachläßig-keit derer, die die päſſe verwahren ſollten, mittel gefunden, in die Herrſchaft Gex einzu-bringen, und darinnen graugſame feindſelig-keiten ausgeübt.

Die

Dieser einfall sezte die Stadt Genf, und 1590. das Welschland, in einen grossen schreken. Die Obrigkeit von Bern machte verschiedene anstalten auf den gränzen : man beschlosse, 3000. mann aus dem deutschen gebieth, und zwar alles freywillige, anzuwerben, welche in 10. fahnen eingetheilt, Rudolf Tillier, als oberster, anführen sollte ; die welsche reuterey sollte Imbert von Diesbach kommandieren. Weilen aber die evangelischen Orte, weder mit geld noch mannschaft zu helfen geneigt schienen, und es das ansehen gewann, daß der feind abzuziehen gedenke, so wurde dieser zug eingestellt ; jedoch legte man besazungen nach Neus, Ifferten und Morsee. Der krieg aber zwischen Savoy und Genf wurde indessen eyfrig fortgesezt.

Bald hernach wurde zu St. Morizen eine konfernz gehalten, und zwar auf begehren der evangelischen Städte, deren Gesandte mit denen von Savoy, Bern und Genf zugegen waren ; von Bern aus schikte man Abraham von Graffenried, stadthalter, Hans Rudolf Sager, venner, Vincenz Daxelhofer, welsch-sekelmeister, und Hieronimus von Erlach, des kleinen Raths, denne Albrecht Manuel, und Hans Rudolf Wurstenberger, des grossen Raths. Der königliche Ambassador, Hr. von Silleri, ließ auch anerbieten, der konferenz bey-

N 5 zuwoh-

1590. zuwohnen: weilen aber vom Herzog begehrt
wurde, daß er alle seine ansprachen auf die
Stadt Genf, gänzlich solle fahren laſſen, so
wollte er durchaus nicht in das übrige einwilligen.

Hernach veranlaßte Niklaus von Wattenweil, Hr. zu Chateau Villain, eine neue konferenz zu Pontarlier, und noch vorher kamen
die Gesandte der evangeliſchen Städte, und
von Genf, zu Arau zusammen: auch der
Hr. von Silleri verfügte ſich dahin; und von da
den 7ten augustmonat auf eine konferenz nach
Bern, thate groſſe anerbietungen im namen
seines Königs, falls die Republik den krieg
fortſezen wollte, welchen die Genfer auch
mehr, als den frieden verlangten; also kam
keine verſöhnung zu ſtand, und eine friſche
tagſazung zu Zürich lief auch fruchtlos ab.

Es kamen die berneriſchen Gesandten, Hieronimus von Erlach, und Hans Rudolf Wur-
ſtenberger, nachwärts von Pontarlier, auch
unverrichter dingen zurük; und erst im jahre
1603. wurde endlich nach mißlungener besteig-
gung der Stadt Genf, da der Herzog alle
hofnung verlohren, dieſe Stadt in seine gewalt zu bekommen, zwiſchen ihme und dieſer
Republik friede gemacht.

Die

Die Stadt Müllhausen freute sich vergeblich, als ihr die evangelisch eydgenößische besazung nachgelassen wurde, und hatte bald darauf
ursache zu wünschen, daß ihnen diese vermeinte
last länger geblieben wäre.　Der Magistrat
entdekte eine zusammenverschwörung, die von
etlichen bey anlas der lezten unruh bannister-
ten personen, angesponnen worden. Eine anzahl verdächtiger burger, und fremder soldaten, die in der stadt sich befanden, wurden in
bande gelegt; und die gesandten der evangelischen Städte, welche diesen neuen tumult
beylegen sollten, merkten mit verdruß, daß
viele dere, denen man es nicht hätte trauen
sollen, von dieser sache gewußt.

Den 24sten okt. erschienen vor Rath zu Bern,
3. würtembergische Gesandten, und beklagten sich, daß die Herzogin von Longueville
das baare geld vor die wiederlösung der Grafschaft Valendys, nicht annehmen wollte, zu
welcher Graffschaft ihr Herr, jedoch eine gegründete ansprache von den rechtmäßigen erben, den Grafen von Auy und Tourniel, gekauft; deßwegen lasse er die Republik bitten,
ihme zu seinem rechten behülflich zu seyn, und
indessen die summe zur wiederlösung, in verwahrung zu nehmen.　Ersteres wurde ihnen
bewilliget, so weit die friedlichen mittel gerei-
chen

1590. chen möchten, denn die Berner hatten keine
lust, ohne zweifel deßwegen einen krieg anzufangen; lezteres aber abgeschlagen.

Gleich darauf ließ die Herzogin von Longueville die Stadt Bern bitten, in ansehung dieses geschäfts, einen aufschub zu vergönnen: weilen sie sich dermalen in umständen befände, die ihr nicht zuliessen, ihre gedanken dahin zu wenden, welches ihr auch
von den 4. Schirmorten, Bern, Luzern,
Freyburg und Solothurn, gestattet wurde.

Streit zwischen dem Bischof von Basel u. der Stadt Biel. Die von Biel waren mit dem Bischof von
Basel in eine frische zerwürfniß gerathen; da
nun beyde partheyen übereingekommen, ihren streit etlichen eydgenößischen schiedsrichtern
zur entscheidung zu überlassen, und der Bischof von Basel 2. aus den katholischen Cantonen auserlesen hatte, so erwählten die Bieler einen von Zürich, und Vincenz Daxelhofer von Bern, der mit bewilligung seiner
Obrigkeit, sich dazu gebrauchen ließ.

Französi- sche Sa- chen. Die Republik Bern wurde um diese zeit,
von König Heinrich dem IV. wieder um hül-
fe angesprochen, dessen umstände, durch eine
glückliche änderung der gemüther, im König-
reich selber, und durch den beystand der Königin in England, des Königs in Schottland,
und etlicher deutscher evangelischer Fürsten,
im-

immer günstiger wurden ; sie willigte nicht 1591.
nur in dieses begehren, sondern trachtete auch
die übrigen reformierten Cantone, zum zuzug aufzumuntern; die entstandenen zerwürfnisse
aber, zwischen der Stadt Basel, und ihren
unterthanen, wegen dem umgeld vom wein
und fleisch, war schuld daran, daß dieses vorhaben nicht ausgeführt wurde, weil man noch
nicht wußte, was für folgen diese zweytracht
mit sich bringen könnte.

Zwischen Savoy und Genf wurde der krieg     Krieg
mit vielem eyfer fortgesezt; der Herzog aber   zwischen
und Bern beobachteten, ohne daß deßwegen   Savoy
                                             u. Genf.
eine verkommniß wäre aufgerichtet worden,
gegen einander, einen waffenstillstand: hingegen stuhnde Frankreich den Genfern getreulich bey. Der Hr. von Sancy hatte ihnen
ungefehr 300. Italiäner und Albaneser zu
pferd, 1200. mann französisches fußvolk, und
1500. Eydgenossen zugeführt. Dazu stieß noch,
aus königlichem befehl, der Hr. von Quitri,
mit etwa 1200. mann zu fuß, und 300. reutern, damit eroberten sie wiederum Thonon,
Evian und andere pläze, streiften bis ins
Faußigni, und erhielten bey Monthou, über
die Savoyer einen denkwürdigen sieg; andererseits erfochten auch die französischen völker
auf den gränzen grosse vortheile, und machten durch eine glükliche diversion, daß die
                                              Sa-

**1591.** Savoyer ihre macht von der nachbarschaft von Genf zurükziehen mußten.

*Der Graf von Würtenberg kömt nach Bern.* Indessen kam der Graf von Würtemberg selber nach Bern, und trachtete auszuwürken, daß ihme zu besiznehmung der Graffschaft Valendys, verholfen werde: weilen man aber die Herzogin von Longueville gerne in besiz dieser Graffschaft liesse, und die Stadt Bern nicht allein vor sich selbst, ihr sehr geneigt war, sondern auch auf den tagsazungen, durch ihre Gesandten, die übrigen Cantone auf ihre seiten zu wenden trachtete, so konnte der Graf zu seinem rechten keineswegs gelangen.

Der Bischof von Basel war allezeit über die freyheit der Stadt Biel eyfersüchtig, welche sie von Kayser Rudolf dem ersten, gleichförmig der grössern Stadt Basel, erlangt hatte; und trachtete auch um diese zeit, dieselbe um ihr eigenes panner, und andere freyheiten zu bringen. Umsonst suchten die Städte Bern, Freyburg und Solothurn, dieses geschäft in freundlichkeit beyzulegen.

**1592.** *Unruh zu Strasburg.* Im jahre 1592. geschahe zu Strasburg eine doppelte Bischofswahl; die Strasburger hielten es mit dem Marggrafen von Brandenburg, und begehrten hülfe zu seinen gunsten, von den Städten Zürich und Bern; leztere Stadt schikte ihnen unter 5. hauptleuten

1500.

1500. mann; ſie eroberten etliche geringe
pläze, und kehrten noch zu ende des gleichen
jahres, wieder nach hauſe.

Indeſſen währte der ſtreit zwiſchen der 1593.
Stadt Baſel und ihren unterthanen, wie
auch zwiſchen dem Biſchof von Baſel, und Münſter-
der Stadt Biel, immer fort.    Der Biſchof thaliſche
fieng auch neue händel mit den Münſtertha-Sachen.
lern an, und trachtete die katholiſche Religion wieder einzuführen: weilen aber die
Stadt Bern, die vor dieſem darüber gemachten verträge behaupten, und ihre verburger-
te Münſterthaler getreulich unterſtüzen wollte,
wurden im augſtmonat David Tſcharner,
und Hans Huber, gen Porentrut geſchikt,
mit befehl, dem Biſchof vorzutragen: weilen
das burgerrecht zwiſchen Bern und dem Mün-
ſterthal, nun ſeit vielen jahren, nicht erneuert
worden, und die meiſte mannſchaft deſſelbigen
thals, des inhalts davon, keine eigentliche wiſ-
ſenſchaft mehr, hingegen aber ſelbiges zu erneuern, ein ſonderbares verlangen habe, ſo
ſeye jezund die Stadt Bern vorhabens, ſelbiges, ihr fürſtlich Gnaden rechten ohne nachtheil, zu erneuern.    Sie bete auch den Biſchof, in anſehung der Religion, keine den
verträgen zuwiderlauffende neuerungen, einzuführen.    Der Biſchof antwortete darauf:
er werde die urkunde, belangend die freyheiten

**1593.** ten des Münsterthals untersuchen, und er begehre eine glaubwürdige abschrift, der wegen der Religion zwischen den Chorherren zu Münster, und den Münsterthalern gemachten verträgen zu sehn.

Hierauf wurde ihr fürstliche Gnaden zugeschrieben: die Orignalen dieser verträgen seyen zwar aus untreu entwendet worden, jedoch aber seyen noch glaubwürdige Copien, samt den Ratificationsbriefen, der von ihr fürstlich Gnaden gewesenen baslerischen Bischöfen vorhanden, welche ihm auf sein begehren, werden vorgelegt werden; was aber die erneuerung des burgerrechts anbelange, so erhelle deutlich aus dem im jahre 1486 aufgerichteten vertrag, was vor einen ursprung und grund dasselbige habe. Der Bischof aber sperrte sich so vast dagegen, daß zu beybehaltung friedlicher nachbarschaft, die schwerung des burgerrechts eingestellt wurde.

Der Hr. von Armance wird gefangen.

Indessen dauerten die feindseligkeiten zwischen Savoy und Genf beständig fort; die Genfer nahmen damals den Freyherrn von Armance gefangen, der auch ein unversöhnlicher feind der Stadt Bern war, und mit dem Hrn. von Aubonne geheime verständnisse wider dieselbe angestellt; er wurde aber, wider der Berner rath und willen, losgelassen.

In

In diesen umständen schikte die Stadt Bern 1593.
den sekelmeister Daxelhofer, und den raths-
herrn David Tscharner, ins Welschland, mit
befehl, die Schlösser und Städte zu besichtigen, und das landvolk zu guter wachsamkeit
zu vermahnen.

Im jahre darauf gieng eine wichtige än- Abfall
derung in Frankreich vor. Der König Hein- des Kö-
rich der IV. opferte einer zeitlichen krone, die nigs in
überzeugungen seines gewissens auf, und be- Frank.
kannte sich zur papistischen Religion. Dieses
bewog die Städte Zürich, Bern, Basel und
Schafhausen, vielleicht nicht wenig, einen neuen
versuch zu thun, in betrachtung eines vorfalls,
der ungewisse folgen haben konnte, dem krieg
zwischen Savoy und Genf ein ende zu machen.

Die Gesandten der 3. übrigen Städte kamen zu diesem ende nach Bern, und berath-
schlagten sich mit etlichen ausgeschossenen des
Raths ; sie richteten aber nichts zusammen aus,
deßwegen beschlosse die Stadt Bern vor sich
allein diesen frieden zu wege zu bringen ; allein
der französische Ambassador ließ sich so sehr angelegen seyn, dieses zu verhindern, daß man
davon abstehen mußte.

II. Theil.      O      Ein-

# Ein und Zwanzigstes Buch.

## Inhalt des ein und zwanzigsten Buchs.

Der König in Frankreich thut einen Einfall in Burgund. Müllhausen trachtet vergeblich wieder in den eydgenößischen Bund zu kommen. Traktat zwischen Bern, und dem Bischof von Biel. Es entstehen Difficultäten darüber. Freyburg begehrt eine Theilung der mit Bern gemeinschaftlich besizenden Vogteyen. Bund zwischen Bern, und dem Bündnerland. Bundserneuerung mit Frankreich. Besteigung der Stadt Genf. Unruh in Wallis, und in Bündten. Traktaten wegen der Stadt Genf.

Dieses Buch geht von 1594. bis 1604.

1595. Kaum hatte sich der König in Frankreich durch seinen abfall auf dem Thron bevestiget, so gedachte er schon an eroberungen, und überfiel die Grafschaft Burgund, ließ sich aber durch die ernstlichen vorstellungen der Eyd-

Eydgenossen von diesem vorhaben abwendig 1595.
machen.

Im merzen 1595. stellten sich die Gesandten von Müllhausen, vor den Gesaudten der
7. katholischen Orten, und von Appenzell,
und baten um GOttes, und des jüngsten Gerichts willen: daß ihnen von seiten dieser 8.
Cantonen, der grobe fehler, so Müllhausen
wider selbige begangen, verziehen, und ihre
Vaterstadt wiederum als ein zugewandtes
Ort in den Schweizerbund aufgenommen
werde. Die evangelischen Orte liessen es auch
an eyfriger intercession nicht ermangeln; allein
es war alles umsonst. Zwischen Savoy und
Genf, konnte auch die Stadt Bern nichts
anders auswürken, als eine verlängerung des
waffenstillstands, bis den ersten september
des folgenden jahres.

Wegen dem Münsterthal, und der Stadt 1596.
Biel, wurden zwischen Bern, und dem
Bischof von Basel, ein tausch projectiert,
davon wir hernach werden meldung thun.

Den 25sten junius 1596. erschiene ein
Sindicus von Genf, vor Rath zu Bern,
mit bitte: man solle es nicht übel aufnehmen,
daß die Stadt Genf bisdahin, der vorstellungen der Republik ungeacht, sich noch nicht
mit Savoy vertragen; es habe ihnen der

O 2                           Kö-

König in Frankreich versprochen, daß er sie im frieden mit dem Herzogen einschliessen wolle.

**1597.** Im jahre darauf machte der König den Eydgenossen hofnung, daß er ihnen einen theil, wenigstens von den schulden der krone, bezahlen werde.

Zürich und Bern schikten damals 2. Gesandten, im namen der 4. evangelischen Städte, an den kayserlichen Hof, zu gunsten der Stadt Müllhausen, welche man mit der sogenannten türkensteuer beladen wollte; von Bern aus schikte man Franz Güder, des kleinen Raths.

In den gemeinen italiänis. Vogteyen waren die unterthanen von den banditen übel geplagt, dieses bewog die regierenden orte, zehn mann von jedem Canton abzusenden, und in die schlösser zu verlegen; hernach wurden die meisten, vielleicht kostens wegen, zurukberufen, und nur 3. soldaten von jedem ort, dort gelassen.

Es wurde noch allezeit viel gehandelt zwischen Savoy, Bern und Genf, wegen dem frieden, man konnte aber keineswegs über die bedinge einig werden, als daß durch den frieden zu Vervins, zwischen Frankreich und Spanien, darinnen auch der Herzog von

von Savoy eingeſchloſſen war, die Städte
Bern und Genf, von ſeiten Frankreich, unter dem generalnamen der Eydgenoſſen, und
ihrer zugewandten, begriffen wurden.

Den 20. oktober verglichen ſich zu Neuen- **1598.**
ſtadt die Stadt Bern, und der Biſchof von
Baſel. Es ſollte der Biſchof der Stadt Bern Die Stadt
die Stadt Biel ſamt ihrer zugehörd einräu- Biel
men, und hingegen ſollten ihme die Berner kommt
etliche nahmhafte getreidzehnden auf dem Teſ- an Bern.
ſenberg abtretten, und das burgerrecht mit den
Münſterthalern fahren laſſen.

Indeſſen kame die an den kayſerlichen Hof
wegen Müllhauſen verſchikten geſandte zurük, und rühmten den gnädigen empfang,
brachten aber keine kathegoriſche antwort wieder.

Die Berner wußten ſeit geſchloſſenem frie- Berneriſ.
den zu Vervins nicht eigentlich woran ſie wa- Geſandſ.
ren, in anſehung des Herzogen von Savoy, in Frank.
und deputierten deßwegen Hans Jakob von
Dießbach an den König, er brachte eine kalt-
ſinnige und undeutliche antwort zurük, dieweilen der Herzog einerſeits gute worte gab,
und anderſeits bey den katholiſchen Orten,
friſche werbungen zu erhalten trachtete.

O 3                        Auf

1599. Auf einer tagsazung, so den 14ten februarius gehalten worden, versuchten die Zürcher, ob es plaz haben könnte, die müllhausischen Gesandten selbiger beywohnen zu lassen; allein die Gesandten der katholischen Orten und der von Appenzell, wollten es durchaus nicht zulassen.

Freyburg und Solothurn klagen überBern Wider den tauschbrief, zwischen Bern und dem Bistum Basel, protestierten die Städte Freyburg und Solothurn, durch ihre Gesandten auf der tagsazung zu Baaden, und behaupteten: gemeldte handlung thue ihnen einen eingrif in ihre rechte, sintemalen sie mit der Stadt Biel verburgert seyen. Die bernerischen Gesandten antworteten darauf: sie hätten von ihren obern, in ansehung dessen, keine instruktion empfangen, seyen aber versichert, selbige werden in diesem tauschgeschäfte nichts gethan haben, als wozu sie allerdings seyen befügt gewesen; hierauf wurde ein weitläuftiges sendschreiben an Bern erkennt, und diese Republik ernstlich ersucht, sie solle nicht weiter in diesem geschäfte fortfahren, bis die übrigen Orte werden zeit gehabt haben, selbiges zu ergründen.

Damals begehrte der Pfalzgraf am Rhein mit den 4. evangelischen Städten einen bund

zu machen, welches ihme aber aus bedenklichen gründen abgeschlagen worden.

Zu anfang des neuen seculi gieng der krieg 1600.
zwischen Savoy und Frankreich schon wieder
an; und der König ließ der Stadt Genf den
vorschlag thun, diesen gemeinschaftlichen feind
beyderseits herzhaft anzugreiffen. Die Genfer
begehrten rath und hülfe von den 4. evangelischen Städten, wurden aber mit guten worten abgewiesen; indessen antworteten die Eydgenossen dem König, und dem Herzog, deren
jeglicher durch seinen Gesandten über den andern klagen liesse: es würde sie freuen, wenn
sie zwischen ihnen einen anständigen frieden
vermitteln könnten; dieser friede erfolgte aber
im jahre darauf, durch päbstliche vermittlung.

Die Eydgenossen verlangten, es solle sich
die Stadt Biel, zu erhaltung ihres freyen bey-
sizes auf den tagsazungen, mit erlag des tausch-
schillings, von der Stadt Bern wieder los-
kauffen, und die Berner sollten es geschehen
lassen. Die Berner aber weigerten sich dessen;
sie behaupteten, der tausch seye vollkommen
rechtlich zugegangen, und sie seyen dieser handlung allerdings wohl befügt gewesen; sie hätten auch schon vorher ziemliche rechte über die
Stadt Biel gehabt, als den schuldigen zuzug
in kriegeszeiten, einigen antheil am malefiz-

O 4 einen

1600. einen zoll, und einen pfennig zins ab jedem haus. Der Bieler übrige freyheiten wer-den durch die mit dem Bischof gemachte kon-vention nicht gemindert, sondern man wolle ihnen solche viel eher vermehren; neben dem werden dadurch ihre der Stadt Bern un-terthanen von Twann, Ligerz, Tüscherz und Alfermeh, samt den Bielern, einer grossen beschwerd, die sie der stift schuldig gewesen, ledig gemacht. Die Bieler aber waren ganz unzufrieden; sie behaupteten, der Bischof ha-be in diesem tausch seine gewalt überschritten. Die Eydgenossen nahmen sich ihrer eyfrig an; Bern wollte nicht nachgeben, und die gemü-ther erhizten sich je länger je mehr.

Freyburg verlangt eine thei-lung der 4. gemei-nen Vog-teyen. Damals begehrten die Freyburger von den Eydgenossen, ihnen dazu zu verhelfen, daß die Berner die 4. gemeinschaftlichen Vog-teyen, Murten, Schwarzenburg, Orbe und Granson mit ihnen theilen; sie nahmen zum vorwand: es seye deßwegen schon hin und wieder streit zwischen beyden Städten entstan-den. Die übrigen Cantone vermahnten sie, die sachen auf bisherigem fuß bleiben zu lassen, vor welchen zuspruch ihnen die Berner dank-ten.

Die Stadt Genf ließ sich abermalen an-gelegen seyn, in den eydgenoßischen Bund

zu kommen; man vertröstete sie, daß man
ihnen sonst, als guten nachbaren und freunden zu begegnen, nicht werde ermangeln
lassen.

Im gleichen jahre begehrten die Ministral-
räthe, und die ganze burgerschaft von Neuenburg, ihr burgerrecht mit Bern zu erneuern:
weilen aber die ausburger sich in etwas von
der Stadt abgesöndert hatten, wurde diese
burgerrechtserneuerung, die im april zu
Neuenburg geschehen sollen, aufgeschoben.

Im jahre 1601. schrieb die Stadt Bern,
der Stadt Müllhausen zu gunsten, die einigen überdrang litte, an die regierung zu Ensisheim, und hinderten, samt den 3. andern
evangelischen Städten, durch eine deputation,
die Walliser, eine vorgehabte bundserneuerung, wider die Krone Frankreich, zu be-
werkstelligen.

Weit wichtiger als dieses, ware die aufrichtung eines bundes und freundlicher vereinigung, welche um diese zeit zwischen Bern
und den 3. bünden in hohen Rhätia, zu stande
gekommen. Die artikel des bundes zwischen
den 7. Orten, und den Bündnern, welcher
schon eine geraume zeit währte, wurde auf
der baadischen konferenz, durch Hrn. Hartmann de Hartmannis, den bernerischen De-

Bund
zwischen
den Ber-
nern und
bündnern

O 5                      putier-

putierten, Hans Rudolf Sager, schultheiß, und David Tscharner, vorgewiesen; und hernach den 23sten julius, vor kleinen und grossen Räthen, diesen bund einzugehen beschlossen.

**1602.** Im jahre 1602. wurden zwischen der Krone Frankreich, und den Eydgenossen, Zürich und Bern ausgenommen, welche aus sonderbaren gründen nicht dazu konnten bewogen werden, die vom König verlangte vereinigung aufgerichtet.

Vereinigung zwischen Frankr. und der Eydgenoßschaft　Der Herr von Silleri aber hielte noch auf seiner rükreise zu Arberg eine konferenz mit den bernerischen Deputierten, Albrecht Manuel, schultheiß, Michael Augsburger, dem sekelmeister Daxelhofer, und David Tscharner; versprache den König zu bewegen, ihnen an ihre forderungen, etwas zu bezahlen; und brachte es auch dahin, daß die Republik Bern in die vereinigung getretten, und zu diesem ende Hans Jakob von Diesbach, als Gesandten, in Frankreich geschikt.

Durch einen beybrief wurde stipuliert, Es sollten alle und jede land und leute der Stadt Bern, auch das Welschland, in dem ewigen frieden und bund begriffen seyn. Der ewige traktat zwischen weyland Künig Heinrich den III. und den Städten Bern und Solothurn

thurn in kräften verbleiben, und wenn in 1602,
Frankreich, der Religion wegen, krieg entstehen würde; so sollen die Berner alsdenn nicht
schuldig seyn, dem König hülfe zu schiken,
wider ihre Glaubensverwandten, sondern befügt seyn, ihre burger und unterthanen, so
würklich in Frankreich wären, heim zu beruffen.

Diese erneuerte vereinigung veranlaßte eine
eydgenößische Deputation in Frankreich, den
bund zu schweren; von Bern aus wurden
der altschultheiß Hans Rudolf Sager, und
der Rathsherr Hans Jakob von Diesbach dazu erwehlt, und etliche glieder des grossen
Raths begleiteten sie.

Im aprillmonat kamen Gesandte von allen Cantonen der Eydgenoßschaft, ausgenommen von Freyburg und Solothurn, nach
Bern, und begehrten vor klein und grossen
Räthen: daß ihren Obern zu gefallen, den
Freyburgern und Solothurnern zur satisfaction, und den Bielern zu gunsten, der Republik
belieben möchte, führohin der Stadt Biel
einen Meyer, aus dem mittel ihrer burgerschaft, und nicht von Bern aus zu geben,
wie denn vor diesem von etlichen Bischöfen,
auch gethan worden, damit diese Stadt in
dem bund mit Solothurn und Freyburg verbleiben,

*Eydgenö-
ßische Ge-
sandt-
schaft
kommt
nach
Bern.*

**1602.** bleiben , und als ein zugewandtes Ort den
eydgenößiſchen tagſazungen, durch einen Geſandten, beywohnen möchte; welches leztere
ſonſten nicht plaz haben könne: weilen Bern
dadurch eine zweyfache ſtimme zu geben hätte.
Hierauf bewilligten endlich die Berner in dieſes begehren der Eydgenoſſen, und man glaubte, es werde nunmehr alles richtig ſeyn; allein es entſtuhnde doch hernach noch ſtreit darüber.

Indeſſen rükte die zeit der gewöhnlichen
bundserneuerung zwiſchen Bern und Wallis
herbey, und da dißmalen der bund in der
Stadt Bern ſollte geſchworen werden , ſo kamen von jeglichem der 7. zehenden ein Geſandter, im namen des Biſchofs aber, der
Abt von St. Morizen dahin, allwo ſie mit
vieler ehrbezeugung empfangen, und traktiert
wurden. Im auguſtmonat darauf, wurde
auch zu Bern der bund zwiſchen dieſer Stadt,
und den 3. Bünden, in hohen Rhätia aufgerichtet.

**Beſtei-**
**gung der**
**Stadt**
**Genf.**
Noch in dieſem jahre entgienge die Stadt
Genf, durch die ſchikung GOttes, einer groſſen gefahr: der präſident von Rochette brachte
in geheim 2000. ſoldaten, ſowohl reuterey
als fußvolk zuſammen, ließ ſehr bequeme leitern machen, und kam den 11ten december
in

in einer finstern nacht vor die Stadt ; etliche 1602.
der herzhaftesten vom adel, und von den gemeinen soldaten, wagten sich über hürde, womit man den graben ausgefüllt, bis an die
mauern, und stiegen ihrer 200. hinüber in
die Stadt, sie wurden aber von der auf-
gewekten burgerschaft theils niedergemacht,
theils zurukgetrieben, theils gefangen: weilen
sie, nachdem die leitern zerschossen worden,
von aussen keine hülfe mehr bekommen konnten.

Sobald man bernerischer seits diesen nächt-Anstalten
lichen überfall vernommen, wurden aus den der Berner.
nächstgelegenen Vogteyen 3 0 0. mann nach
Genf in besazung gelegt, und die Genfer hatten lust, den König in Frankreich um hülfe
zu bitten; es wurde ihnen aber von den evangelischen Städten, die gefährliche weitläufig-
keiten befürchteten, mißrathen.

Der Herzog entschuldigte sich zwar nach Entschuldigung
diesem mißlungenen streich, er habe selbigen ge-des Herzogen.
wagt, um zu verhindern, daß die Stadt Genf
nicht in des Königs in Frankreich hände ge-
rathe, von dessen pratiken er seye benachrich-
tiget worden ; allein er fande mit diesen ent-
schuldigungen wenig gehör.

Im jahre 1 6 0 3. schikten die Cantone 1603.
Zürich, Bern, Basel und Schafhausen, ihre
Raths-

1603.

Gesandt-
schaft in
Wallis zu
gunsten
der Evan
gelischen.

Rathsgesandten in Wallis, um eine unruh
zu stillen, die wegen der Religion entstanden,
und ihren Glaubensbrüdern billiche gedinde
zu erhalten; von Bern aus giengen Albrecht
Manuel, altschultheiß, und David Tscharner.
Sie fanden gehör; allein die katholischen Orte stifteten gleich hernach ihre Religionsver-
wandte wiederum auf; so daß ungeacht einer
2ten intercession der evangelischen Cantonen
und der Bündner, die Protestanten, als die
schwächern, hart gedrükt wurden, und man
eine gänzliche zerstöhrung der Reformation in
diesem lande erwarten mußte.

Zwey-
tracht im
Bündner
land.

Im gleichen jahre entstuhnde eine grosse
zweytracht in Bündten, welche durch die
Spanier gestiftet worden; sowohl gemeine
Eydgenossen, als die evangelischen Städte besonders, schikten ihre Deputierten, um beyde
partheyen zum frieden zu vermahnen. Das
angeblasene feuer aber brach, dessen ungeacht,
bald hernach, mit starken flammen aus.

Zürich
u. Bern
schiken ei-
ne besa-
zung in
Genf.

Indessen mußte man vermuthen, der Herzog von Savoy werde den anschlag, die Stadt
Genf zu erobern, desto weniger fahren lassen,
weilen er über die vorigen gründe, die ihn
dazu bewegen konnten, noch die erlittene schan-
de zu rächen hatte; deßwegen schikten Zürich
und Bern, die die wichtigkeit dieser vormauer

am

am besten einsahen, und mit Genf verbündet 1603.
waren, auf den ersten verdacht, eine besazung
von 1000. mann dahin, darunter zehlte man
600. Berner, die Samuel Müller, und Niklaus von Mülinen kommandierten.

Die Genfer trachteten nochmals die Berner in einen neuen krieg zu verwikeln, und
rühmten die hülfe, die ihnen auf diesen fall
hin der König Heinrich versprechen lassen;
allein die Berner hatten keine lust dazu; und
liessen diese bundsgenossen treulich vermahnen,
sich mit Frankreich nicht so leichtlich einzulassen, sondern blosserdings wohl auf ihrer
hut zu seyn. Als hingegen nicht lange hernach, der Herzog aufrichtig sich nach dem frieden zu sehnen bezeigte, so nahmen sich die
Cantone Glaris, Basel, Schafhausen, Solothurn und Appenzell, dieses geschäfts eyfrig
an, und brachten einen friedenstraktat zuwege, welchen beyde partheyen guthiessen, und
die Städte Zürich und Bern beruften ihre
besazungen nach hause.

# Zwey und zwanzigstes Buch.

## Inhalt des zwey und zwanzigsten Buchs.

Unruh in Wallis wegen der Religion. Der Bischof von Basel legt Hinderniße in den Weg,
als er Biel den Bernern abtretten sollte.
Zürich und Bern weigern sich mit Frankreich
in einen Trozbund wider Spanien zu tretten. Bündnerische Unruhen. Bern kauft die
Herrschaft Brandis. Die Bieler bereuen, daß
sie dem Bischof von Basel, ohne genugsamen
Vorbehalt ihrer Freyheiten, gehuldiget. Frankreich begehrt, und erhaltet einen Volksaufbruch. Der König Heinrich wird ermordet.
Unruh im Thurgöw zwischen den Katholischen und Evangelischen. Die Berner machen sich auf eingelangten Bericht zu einem
neuen Krieg wider Savoy verfaßt. Burgerrechtserneuerung mit dem Münsterthal. Frankreich erhaltet wiederum eydgenößische Hülfsvölker. Negociation zwischen Bern und dem
Bischof von Basel. Vergebliche Konferenz
zwischen Bern und Savoy. Die katholischen
Orte fahren fort in ihrer Weigerung, Müllhausen nicht mehr in den eydgenößischen Bund

zu

zu dulden. Frankreich begehrt wieder 6000. Eydgenossen in Sold zu nehmen. Bern und Neuenburg erneuern das Burgerrecht. Die Obrigkeit kauft Trostburg von der Stadt Brugg.

Dieses Buch haltet einen Zeitlauf von 31. Jahren in sich.

Im jahre 1604. gieng die Unruh in Wallis, wegen der Religion wiederum an; der pannerherr Martin Jost, und der landshauptmann Georg auf der Flüh, wurden wegen ihrer neigung zum evangelischen Glauben, ihrer ämter entsezt. Darauf folgte ein schluß vom Landrath: es sollten alle gleichgesinnten, entweder innert zween monaten sich der römischen Kirche unterwerfen, oder des landes verwiesen werden. Bey diesem anlas zogen etliche ins Berngebieth hinüber, und liessen sich in der Vogtey Aelen nieder.

1604.

Unruh in Wallis wegen der Religion.

Das feuer der uneinigkeit brannte ringsherum unter der asche; die Bündner mußten wegen ihrem bund mit Frankreich und Venedig, viel ungemach von dem spanischen stadthalter in Mayland erdulden. Die Freyburger waren ganz ungeduldig, daß die Berner die gemeinen Vogteyen nicht theilen wollten; und die Evangelischen waren unzufrieden,

II. Theil                P                daß

1604. daß die katholischen Orte die Stadt Müll-hausen weder in den bund wieder aufneh-men, noch wider den Kayser ihre freyheit wollten vertheydigen helfen, der selbige seiner Landvogtey Hagenau einzuverleiben trach-tete. Die Stadt Zürich bemühte sich auch umsonst, die katholischen Orte zur bundser-neuerung zu bewegen.

**Streit zwischen dem Bi-schof von Basel, und der Stadt Bern.** Zugleich machte der Bischof von Basel difficultäten, über die cession der Stadt Biel, an die Stadt Bern, wider den klaren buch-staben, des darüber geschlossenen traktats; sei-ne absicht war dabey gewesen, die Münster-thaler, dem bernerischen vorbehalt zuwider, von der evangelischen Religion wieder zu verdringen: und da ihm dieses mißlungen, trachtete er auf geheimes anstiften der katho-lischen Orten, diesen traktat wieder über ei-nen hauffen zu werfen.

Auf erfolgtes absterben des Bischofs von Wallis, erzeigte sich sein nachfolger ganz eyf-rig, die Evangelischen zu verfolgen: diese such-ten rath bey dem französischen Ambassadoren, und bey den evangelischen Orten, welche es auch dahin brachten, daß sie unter gewissen bedingen im land bleiben, und ihre güter be-sizen dorften.

Im

Im jahre 1605. kam der Hr. von Bre-
derode, von seiten der Herren Generalstaa-
ten, in die Eydgenoßschaft, und begehrte von
den 4. evangelischen Städten einen geldsauf-
bruch; Bern war zwar nicht ungeneigt dazu:
weilen aber die 3. übrigen, und sonderheitlich
Zürich und Schafhausen nicht einwilligen
wollten, wurde dieses begehren abgeschlagen.
Um aber anderwärtig ihren guten willen zu
offenbahren, versperrten sie den paß durch ihr
land dem kriegesvolke, welches aus Mayland
wider die Holländer in die Niederlande ziehen sollte.

Im jahre darauf ließ der König in Frankreich den Städten Zürich und Bern eine offensive allianz, wider den König in Spanien,
als Herzogen von Mayland, antragen, um
die Bündner, ihre bundsgenossen, von dem
überdrang des spanischen Herzogen von Fuentes, auf ihren gränzen gegen Italien zu be-
freyen ; Er aber hatte dabey sein augenmerk
auf die eroberung von Mayland gerichtet.
Die beyden Städte hatten keine lust, mit einem so mächtigen Fürsten einen offenen krieg
anzufangen, und blieben auf ihrem entschluß,
die Bündner, dem traktat gemäs, nur zu unterstüzen, falls sie in ihrem lande sollten angegriffen werden. Jedoch waren sie willig
etliche compagnien den Bündnern, zu bewa-

chung

1606. chung ihrer gränzen verabfolgen zu laſſen, und
die Cantone Glaris, Baſel, Schafhauſen
und Appenzell, wollten auch von ihrer mannſchaft dazu geben; als aber die gefahr nicht
mehr ſo groß ſchiene, und andere geſchäfte
dazwiſchen kamen, wurde dieſer zug einge-
ſtellt.

Die Bie-
ler ma-
chen ſich
von der
berneriſ.
Bottmäß-
igkeit wie-
der los.

Wir haben ſchon meldung gethan, wie der
tauſch zwiſchen der Stadt Bern, und dem
Biſchof von Baſel allerhand verdrüßlichkeiten
nach ſich gezogen; gewiß iſt, daß der Biſchof
einerſeits den tauſchpunkten nicht nachgelebt,
und daß andererſeits die privilegien der Bieler, dem intereſſe der kontrahierenden partheyen aufgeopfert worden.

Da nun die Berner aller vorſtellungen
der übrigen Orten ungeacht, den traktat nicht
aufheben wollten, machten ſich die Bieler ey-
genmächtig von ihren banden los, huldigten
wie vor altem, aber ohne vorbehalt ihrer freyheiten, dem Biſchof, und ſetzten ſich wieder in
den vorigen ſtand. Durch dieſe aufführung
wurden die Berner heftig aufgebracht, fanden aber dennoch nicht vor gut, gewalt zu
brauchen: die umſtände waren gar nicht günſtig dazu, die meiſten Cantone hielten es nicht
undeutlich mit dem Biſchof, und der Stadt
Biel. Die auswärtigen ſachen verdienten eine

ne besondere aufmerksamkeit, deßwegen ließ 1606.
man das schwert in der scheide, und begnügte
sich den burgermeister Hug, samt etlichen andern Bielern, die als klienten der Stadt
Bern nunmehr verfolget waren, auf ihr
anhalten zu burgern anzunehmen.

Im gleichen jahre schikten die Eydgenossen
dem König in Frankreich 6000. mann wider den Herzog von Bouillon; Bern gab
2. fahnen dazu, unter anführung Gerhards
von Diesbach, und Samuel von Erlach; sie
kamen nach 3. wochen wieder nach hause, ohne den feind gesehen zu haben.

Den 26sten jenner 1607. erschienen vor 1607.
Rath zu Bern Paul Florin, und Thomas
von Schauenstein, als Gesandte der 3. bünden, in hohen Rhätia, und brachten vor, Bündnerische
wie ihre unruhen angefangen, wie der spa- Sachen.
nische stadthalter zu Mayland, der Graf von
Fuentes, durch seine pratiken innerliche em-
pörungen und änderungen in ihrem regiment
veranlaßt; wie er eine vestung an ihre gränzen gebauet, und was von den Eydgenossen
bisdahin in diesem geschäft gehandelt worden.
Nun haben sie instruktion empfangen zu Zürich,
von dannen sie jezund kämen, und zu Bern,
als zu welchen beyden Cantonen gemeine 3.
bünde ein besonderes zutrauen hätten, rath

P 3 zu

1607. zu suchen, und zu fragen: wie viel hülfsvölker sie allenfalls von beyden Städten hoffen dörften.

Auf diese frage begegnete man durch ein
schreiben im februarius, des inhalts: jede von
den 2. städten wollen 300. mann verabfolgen
lassen, und monatlich 500. Cr. an geld,
daneben gegen gebührende bezahlung 3000.
mütt kernen, jeder mütt solle einen zentner
berngewicht wägen, mit vorbehalt, daß diese
mannschaft nur defensive, und nicht offensive sollte gebraucht werden, und daß sie auch wegen
ihren kösten an den subsidiengeldern sollen par-
ticipieren, so die Bündner von Frankreich
und Venedig erwarten seyen.

Indessen kamen zween eydgnößische Gesandte aus Bündten zurük, und mahlten den dortigen verwirrten zustand kläglich vor, worauf eine zweyte deputation abgeschikt wurde; als
selbige aber nichts ausgerichtet, die ungestümig-
keit des pöbels allzeit überhand genommen, man
auch angefangen blutige executionen zu machen,
gespürten die Eydgenossen wohl, daß gelinde mittel nichts mehr taugten, und beschlossen mit ge-
wasneter hand diesem unheil zu steuren, und die
ordnung wiederum herzustellen. Bern war gesinnet, unter dem hauptmann Müller eine freycompagnie in Bündten zu senden, beydes aber
**bleibe**

bleibe auſſen.   Der franzöſiſche und der ſpan- 1607.
ſche Ambaſſador miſchten ſich in dieſes geſchäft, und die ſache wurde immer weitläu-
ſiger, als endlich, zu groſſem vergnügen, ſonderheitlich der evangeliſchen Orten, denen ein
gemeiner eydgenößiſcher auszug weit mehr
als den katholiſchen zuwider war, die Bündner ſich dem ausſpruch der Cantonen unterwarfen, welche ihnen hierauf die nöthige anweiſung ertheilten, wie ſie zu ihrem vorigen
ruhſtande am beſten wieder werden gelangen
können.   Dieſer anweiſung folgten ſie genau,
und brachten in der that die ſo nöthige eintracht wiederum zuwege.

Die Republik Venedig war indeſſen mit
dem Pabſt zerfallen, und begehrte von etlichen Orten der Eydgenoßſchaft, und unter
andern von Bern einige hülfe an mannſchaft.
Die Berner waren nicht ungeneigt; als ſich
aber gemeldte beyde machten wieder ausgeſöhnt,
war nichts mehr darum zu thun.

Um die gleiche zeit bekam die Stadt Müllhauſen einen neuen verdrüßlichen handel mit
den banditen, die ſowohl von der öſterreichiſchen regierung, als von den katholiſchen Orten unterſtüzt waren.   Umſonſt nahmen ſich
die evangeliſchen Cantone ihrer an.

Die

Die Berner mußten sich auch entschliessen, in dem bielischen tauschhandel endlich nachzugeben. Es kommt bey einer Republik der gute oder üble fortgang der geschäfte allezeit viel auf diejenigen an, welche an dem ruder sizen, ob sie standhaft, oder aber furchtsam sind; doch muß man sich auch in die umstände zu richten wissen.

Es bekam hingegen die Stadt Bern einen guten anlas, die ihr sehr anständige Herrschaft Brandis, samt hohen und niedren gerichten zu kauffen, und allen dazu gehörigen rechsamen, waldungen und gütern, von Jakob von Montmajor, Freyherrn zu Sillens.

1608.

Die Bieler waren in ihrem Unwillen gegen Bern wegen dem tauschhandel so weit gegangen, daß sie, bey abgelegter huldigung gegen den Bischof, nicht einmal ihre wohlhergebrachten freyheiten sich recht vorbehalten; darüber wurden sie nun reuig, und trachteten mit Bern sich wieder auszusöhnen. Die Berner legten ihnen gewisse bedinge vor, verwiesen ihnen ihre aufführung und unvorsichtigkeit, und brachten es dahin, daß nach des Bischofen tod, die Bieler seinem nachfolger nicht anders, als mit vorbehalt ihrer freyheiten, die huldigung abgestattet. Es war unter andern von den Bielern bewilliget worden

ben, wider ihre habenden rechte, dem Bischof 1608.
mit dem panner auf erste mahnung zuzuzie=
hen.    Nun gehörten die bernerischen untertha=
nen von Twann, Ligerz, Tüscherz und Alfer=
meh, unter dieses panner, also daß die Ber=
ner von dieser übereilung der Bieler auch ge=
litten hätten.

Die Stadt Biel hatte wegen ihren umstän= 1609.
den, indem sie halb frey und halb unterthan
war, nothwendig beständige streitigkeiten mit
dem Bischof, und wenn der oft gemeldte tausch
zwischen der Stadt Bern und dem Bistum
Basel aufrecht geblieben wäre, so hätten die
Bieler, mit etwas verschmälerung ihrer frey=
heiten endlich zu einer bessern konsistenz ih=
res gemeinen wesens, und zur ruhe gelangen
können; sobald aber der tausch zernichtet wor=
den, geriethen sie wieder in streit mit dem
Bischof; er nahm ihnen den gerichtsstab weg,
darüber beklagten sie sich zu Bern, und wur=
den vor den eydgenößischen Gesandten zu
Baaden, von des Bischofs seinen delegierten
auch verklagt; zugleich brachten auch die ber=
nerischen Gesandten, der schultheiß Sager,
und der sekelmeister Daxelhofer ihre klagpunk=
ten, wegen dem von dem Bischof gebroche=
nen tauschtraktat, von neuem vor, und er=
klärten im namen ihrer Obern, sie werden
von selbigem nicht abstehen, bis man ihnen
über

P 5

1609. über etliche punkten, und sonderlich über die sicherheit der evangelischen Religion im Münsterthal, satisfaction gegeben, also daß dieses geschäft immer verwirter wurde, auch damals seine endschaft noch nicht erreichen konnte. Die müllhausischen sachen waren ebenfalls noch nicht an ihrem orte, und die Stadt Bern mußte nochmals Clado Weyermann als Deputierten, mit den Gesandten der übrigen evangelischen Orten, der Stadt Müllhausen zu gunsten, an die regierung zu Ensisheim schiken.

**Genferische Sachen.** In diesem jahre wurden du Terrail, ein französischer edelmann, und de la Bastide, ein geschikter ingenieur, im Berngebieth aufgefangen, und nach Genf geführt, wo sie an der marter bekennt: daß sie von dem Herzogen von Savoy gedungen worden, um auf den schiffen, auf welchen die Genfer pflegen ihr holz von Evian herzuführen, eine anzahl soldaten, nachdem sie die genferischen schifleute umgebracht, und ihre kleider angezogen, unter das holz zu verstekken, und also die Stadt Genf am hellen mittag, wenn die einwohner meistens werden beym essen seyn, zu überfallen, da indessen mehrere mannschaft zu Genf sich einbefinden sollte. Hierauf wurde der erstere mit dem schwert, und der leztere mit dem strang hingerichtet.

Um

Um diese zeit berufte der französische Am- 1609.
bassador, Herr du Refuge, die eydgenößische
Gesandten nach Solothurn zusammen, und
begehrte einen volksaufbruch vor seinen König,
der ihm auch bewilliget wurde; nur behielten
sich die evangelischen Orte vor, daß man ihre truppen nicht solle wider ihre Glaubensbrüder gebrauchen dörfen.   Der auszug geschah
erst im jahre hernach, und bestuhnde in 6000.
mann; die bernerischen hauptleute waren Gerhard von Diesbach, und Hans Rudolf von
Wattenweil.   Inwährend dieser expedition,
welche viel volk gekostet,   wurde der König
von einem meuchelmörder erstochen.

Um diese zeit wäre bald, von wegen einem 1610.
getümmel, zu Gachnang im Türgöw,   bey
anlas einer hochzeit, eine gewaltige zweytracht
zwischen den Evangelischen und Katholischen
mitregierenden Orten entstanden; es mußte
deßwegen eine ausserordenliche konferenz zu
Luzern gehalten werden, und die bernerischen
Gesandten mußten sich aufs äusserste lassen angelegen seyn, die gemüther zu stillen

Als damals die Stadt Müllhausen wegen
der nachbarschaft der österreichischen truppen,
denen sie nichts guts trauen konnte, in nicht
geringen schreken gesezt wurde, schikten die 4.
Städte, Zürich, Bern, Basel und Schafhausen, eine besazung dahin.                    Es

**1610.** Es vertrugen sich endlich der Bischof von Basel, und die Stadt Biel mit einander, und die factionen unter der burgerschaft selber hörten auch wieder auf, durch vermittlung der schiedsrichter von Zürich, Luzern, Schweiz, Glaris, Basel, Schafhausen, Freyburg und Solothurn; die Gesandten von Bern aber protestierten darwider zu Baaden im namen ihrer Obern, als deren ansprachen nicht bedacht worden, und nahmen einen abtrit, während diesem geschäft.

**1611.** *Bern sezt sich in Vertheydigungsstand wider Savoy.* Zu anfang des 1611. jahres vernahm man von verschiedenen orten her, daß der Herzog von Savoy wider die Städte Bern und Genf neue kriegszurüstungen machte; dieses bewog die Städte Zürich und Bern, in gemeinschaftlichen kösten eine besazung von 600. mann aus dem Welschland in Genf zu legen; als aber hierauf die Genfer ganz eyfrig mehrere hülfe begehrten, wurden 4. freye fahnen in das Welschland verlegt, um diese Landschaft zu beschüzen, und den Genfern in der nähe eylig beyspringen zu können. Diesen fügte man auf ferneres anhalten der Stadt Genf, noch 4. fahnen auszüger bey, welche 8. fahnen, zusammen 2400. mann ausmachten.

Die erste fahne der auszüger rukte den 14ten februarius aus der Stadt, deren hauptmann war

war Peter Buri, darauf folgten die 4. 1611.
freyfahnen, unter anführung Rudolf von
Erlach, Niklaus von Mülinen, Hans Rudolf von Wattenweil, und Jost von Bonstetten; zuletzt zogen die 3. fahnen auszüger, deren hauptleute waren Hans Rudolf Horn,
Caspar von Graffenried, und Caspar Wyß;
Hans Jakob von Diesbach aber, und Anthoni von Erlach wurden beyde voraus geschikt, um die päsie zu versorgen, und der
Obrigkeit alle vorfallenheiten einzuberichten.

Die Walliser wurden vermahnt, den Savoyern und Spaniern, als getreue Bundsgenossen, keinen paß zu gestatten; die Bündner samt den Städten Biel, Neuenburg und
Neuenstadt bate man, sich zur hülfe fertig zu
halten. Die evangelischen Orte hatten schon
allen beystand anerbotten. Der französische
Gesandte zu Genf, Herr de la Noue, erhielte ein schreiben von den zween ins Welschland
geschikten Rathsgliedern, und auch sogar der
churfürstliche pfälzische Administrator bekame
einen brief von Bern; ja als man vermeinte,
die anzeigungen des krieges seyen noch gewisser worden, wurden die katholischen Orte und
St. Gallen gleichfalls angesprochen, allenfalls behülflich zu seyn. Man erinnerte den
König in Frankreich an die 13000. Cr. so
er in den genferischen schirmbund versprochen,
und

1611. und das Parlement zu Dolle an die erbeinigung und alte freundschaft. Zu gleicher zeit
wurde der vice Canzler, samt den Räthen zu
Mümpelgart um etwas getreids, gegen gebührende bezahlung, angesprochen. Aus diesen Präcautionen kan man schliessen, daß der
schreken damals zu Bern nicht gering muß
gewesen seyn.

Es bedunkte die ins Welschland zur aufsicht geschikte Rathsglieder, die 8. fahnen seyen
zu aufhaltung des feindlichen gewalts zu
schwach, deßwegen schikten Räth und Burger noch 6. fahnen dahin, unter den obersten
von Diesbach und Erlach, und den hauptleuten Hans Franz von Luternau, Herr zu
Belp, Samuel von Erlach, Hans Jakob von
Erlach, und Anthoni Archer. Sie wurden
in die pläze gegen Savoy und Burgund, hin
und wieder verlegt.

Indessen legten die Berner auf der tagsazung zu Baaden, den Eydgenossen den vertrag vor, welchen die 11. Cantone im jahre
1564. zwischen Savoy und Bern vermittelt,
und die Könige von Spanien und Frankreich
bestätiget hatten, mit bitte, daß sie die Stadt
Bern bey diesem traktat beschirmen, und
handhaben helfen.

Hierauf

Hierauf erklärten die Gesandten von Zürich, 1611.
Basel und Schafhausen, sie wollen den Bernern mit leib, gut und blut beyspringen; diesem fügten noch die von Zürich bey, sie hätten
6. fahnen aufgebotten, und werden im nothfall noch 20. ins feld stellen. Die Cantone
Luzern, Ury, Schweiz und Unterwalden versprachen die laut den bünden schuldige hülfe.
Zug aber versprach, ohne dieses, getreulich
beyzustehn.

Glaris und Appenzell waren ganz gutwillig; Freyburg und Solothurn verhiessen, was
die bünde von ihnen erforderten, doch schien
leztere Stadt viel geneigter als die erste.
St. Gallen erbotte, anstatt der mannschaft,
eine summe geldes, aus besorgniß, ihre burger,
die in Savoy gewerb treiben, möchten es sonst
entgelten.

Man beschlosse auch auf dieser tagsazung,
im namen gemeiner Eydgenossen, eine gesandschaft von Zürich, Luzern, Glaris und Solothurn, in Savoy zu schiken, um den Herzog zu abschaffung des fremden kriegesvolks zu
vermahnen. Es wurden auch die Luzerner
angesprochen, ihr kriegesvolk heimzuberuf-
fen aus Savoy, welches sie erbotten zu thun,
sobald der Herzog einige feindseligkeit an den
gränzen ausüben werde.

Auf

**1611.** Auf der gleichen tagſazung berichtete der franzöſiſche Ambaſſador, Herr du Refuge, die eydgenöſſiſchen Geſandten, durch ein ſchreiben: wie ſein König allbereit den Herzogen von ſeinem vorhaben abgemahnt, und die Stadt Genf in ſeinen ſchuz genommen; deßwegen wurde der in Savoy beſtimmten geſandtſchaft befohlen, unterwegs ſich zu Solothurn mit dieſem Herrn zu unterreden.

Von Bern aus ſchikte man den Herrn Loys de Denant von Lauſanne in Frankreich, um den König an das ſubſidiengeld zu erinnern, und ihme das intereſſe der Städten Bern und Genf beſtens anzubefehlen. Dieſer richtete ſeine kommißion wohl und ſchleunig aus, und brachte 3. ſchreiben, eines vom König, eines vom Herzog von Bouillon, und eines vom Herrn von Sancy mit ſich. Der König und die Königin nahmen ſich der Berner und Genfer in dieſem geſchäft mit vielem nachdruk an; und als etliche burgundiſche Herren, mit unterſchiedlichen regimentern dem Herzogen von Savoy zuziehen wollten, ließ ſie der Erzherzog Albrecht, der ſpaniſche ſtadthalter, auf ihr begehren erinnern, der neutralität gemäs ſich aufzuführen.

Den eydgenöſſiſchen Geſandten gab der Herzog zur antwort: wenn die Berner und
Genfer

Genfer ihr kriegesvolk abschaffen werden, so 1611.
werde er seinerseits ein gleiches thun, die
Berner seyen an dieser unruh alleine schuld,
sintemalen sie ihm seine Landschaft Wadt vorenthalten, wozu ihnen forthin der unter
Herzog Emanuel Philibert gemachte vertrag
kein recht mehr gebe, sintemalen sie selbigen
im jahre 1589. mit überfallung und verwü-
stung seiner Herrschaften Gex, Thonon und
Ternier gebrochen. Die Genfer hätten auch
durch übertrettung des julianischen traktats,
den ersten anlas zum krieg gegeben, und die
Berner haben aufgehört ihne den Herzogen
in ihren briefen ihren bundsgenossen zu nennen; also kehrten die Gesandten unverrichter
dingen wieder nach hause.

Die gleichen klagen wiederholte nachwärts
der Herzog durch seinen Gesandten, auf der
tagsazung zu Baaden, und legte ziemlich tro-
zig den krieg, und den frieden dar, je nachdem sich die Berner zur restitution des Welschlandes entschliessen werden oder nicht; die
Berner berantworteten sich: und weilen der
Herzog durch zurükziehung seiner völker, zum
theil das begehren der Eydgenossen nachwärts
erfüllt, wurden die Berner von ihnen vermahnt ein gleiches zu thun.

II. Theil. Q Also

1611. Also liessen sie auch ihre truppen wieder
auseinander, und obwohlen der streit keineswegs liquidiert wurde, so gienge doch das
ungewitter dißmalen vorüber, und vermein-
ten etliche, man habe unnöthige köften gehabt,
andere aber, es seye eben durch die guten anstalten der feind abgeschrekt worden.

Die Genfer dankten auch ihre besazung von
400. mann wieder ab, weilen Frankreich
mit Savoy deßwegen sich verabredet hatte;
jedoch forderten die Genfer etwas an ihre gehabte kriegesköften, und behielten sich vor, daß
in dieser verabredung nichts dem traktat von
St. Julian zuwiderlautendes seye.

Da die Republik Bern vernommen, daß
der königliche stadthalter im Herzogthum Burgund, Herr von Bellegarde, befehl gehabt
hätte, allenfalls ihr mit so viel reuterey und
fußvolk, als sie es verlangen würde, beyzuspringen, so ließ sie ein ehrerbietiges dank-
schreiben an den König abgehn: beklagte sich
aber zugleich, daß derselbige durch den Herrn
de Varenne dem Herzogen versprochen, seine
ansprachen auf das Welschland, wenn er selbige durch gütliche mittel betreiben werde,
zu begünstigen, da sie doch durch einen feyerlichen vertrag, so von Frankreich und Spanien ratificiert worden, und davon sie ihme
dem

dem König sidimierte abschriften überschikten, seyen in besiz dieser Landschaft gesezt worden.

Die 12. Orte der Eydgenoßschaft liessen der Stadt Bern ihre Mediation in diesem geschäft antragen; allein sie bekamen zur antwort: man seye lediglich sich an den traktaten zu halten gesinnet, kraft deren ihnen das Welschland von Savoy feyerlich abgetretten worden.

Der König in Schweden Carolus der IX. hätte gerne 1000. mann Eydgenossen in seinen sold genommen, und ersuchte die Stadt Bern, ihme dazu zu verhelfen, allein selbige entschuldigte sich wegen dem Herzogen von Savoy, dessen bedenkliche aufführung alle ihre aufmerksamkeit erforderte, dieser sache sich zu beladen.

Das jahr 1611. endigte sich unglüklich vor die Stadt Bern; die pest raffte eine grosse anzahl burger und unterthanen weg.

Im jahre 1612. proponierten auf einer tagsazung zu Baaden die savoyischen Gesandten abermals die Liquidation des streits wegen dem Welschlande, zwischen Savoy und Bern; es antworteten aber der schultheiß Sager, und Hans Jakob von Diesbach von sich selber: ihre Obrigkeit werde sich an den verträgen

hal-

1612. halten; welche antwort auch schon vorher war gegeben worden.

Hernach erschienen auf 2. baadischen tagsazungen, die österreichischen Gesandten, um den streit, so wegen einem neuen österreichischen zoll entstanden war, mit den eydgenößischen Gesandten beyzulegen. Bern samt 4. andern Cantonen weigerten sich anfangs wider die gethane proposition, willigten aber hernach auch darein.

Um diese zeit machten die beyden Städte Zürich und Bern mit dem Marggrafen von Baaden und Hochberg einen bund.

1613.

Münsterthalische Sachen.

Indessen fiengen die streitigkeiten wegen dem Münsterthal wieder an, die Evangelischen wurden von der bischöflichen regierung unter der hand verfolget, und ihre privilegien angetastet, dieses bewog die Stadt Bern endlich den 9ten augustus 1613. eine gesandschaft dahin zu verordnen; dazu wurden erwählt Albrecht Manuel schultheiß, Anthoni von Graffenried venner, Hans Jakob von Diesbach des Raths, und von den burgern Anthoni Tillier, Hans Rudolf von Erlach, und Simon Wurstemberger, mit befehl, noch des gleichen tags zu verreisen, und sich zuerst in das Münsterthal, und von dannen nach Porentrut zu verfügen; um

um an dem erstern ort sich des zustands der 1613.
sachen zu erkundigen, und an dem leztern ort ▬▬
den Bischof zu ersuchen, daß er in die erneuerung des burgerrechts zwischen der Stadt
Bern und dem Münsterthal einwillige, wenn
er aber dawider protestieren würde, dessen
ungeacht fortzuschreiten; der Bischof begehrte
einen termin, um in seiner Canzley nachschlagen zu können, wie weit die Berner in
ihrem vorgegebenen recht mit den Münsterthalern ein burgerrecht zu erneuern gegründet seyen, und entschuldigte seine aufführung
gegen die Münsterthaler damit, daß sie durch
ihren ungehorsam, und ihre predikanten durch
ihren ehrgeiz, sich in politische händel zu mischen, anstatt ihrem beruf abzuwarten, seinen
gerechten unwillen sich zugezogen. Hierauf
nahmen die bernerischen Gesandten abscheid,
nachdem sie den verlangten termin abgeschlagen, vorgebende, der Bischof habe nicht vonnöthen, in seiner Canzley nachzuschlagen, da
sie ihme die sidimierten kopeyen von dem alten
burgerrecht vorgelegt. Als sie mit den Münsterthalern die bundserneuerung vornehmen
wollten, trachteten der bischöfliche Canzler und
die Gesandten von Solothurn dieses zu verhindern; da sie aber nichts ausrichten konnten, begehrten der Vogt von Delsperg und
der stadthalter von Münster selbigem beyzu-

wohnen,

1613. wohnen , welches ihnen bewilliget wurde, hierauf gienge der bundsschwur vorbey , die 2. Majorien unter der Clus wollten als bischöflich gesinnte an selbigem keinen antheil nehmen ; es prätendierten aber die 3. Majorien ob der Claus, sie sollten, ihres ausbleibens ungeacht, nicht destoweniger an das erneuerte burgerrecht gebunden seyn. Die Berner brachten dieses mit ihrer standhaftigkeit zuwege , denn der Bischoff versuchte alles, sie abzuschrelen , und drohte ihnen mit Frankreich und dem römischen Reich.

Doch verbarg der Bischof äusserlich seinen zorn , seine beamtete hielten den Gesandten von Bern zu Tachsfelden, inwährend der mahlzeit, gesellschaft, und begleiteten sie in seinem namen bis vor die Stadt Biel hinaus; als er sahe , daß er sich vergeblich gesperrt, ergab er sich endlich darein, und bewilligte, daß die zwo übrige Majorien die erneuerung der burgerrechts auch schwören dörfen , welches hierauf den 12ten september zu Rennedorf geschah. Damals weigerte sich die Stadt Bern, dem König in Frankreich, gleich übrigen Cantonen , die kriminalen auf die galeeren verabfolgen zu lassen.

Marggraf Friederich von Baaden bemühte sich, eine union zwischen etlichen protestantischen

tiſchen fürſten, und den 4. evangeliſchen Städ- 1613.
ten aufzurichten, allein Baſel und Schafhauſen entſchuldigten ſich, indem ſie ohne einwilligung der mehrern Orten der Eydgenoßſchaft,
keinen bund zu machen befügt ſeyen. Die
Zürcher hinderte der franzöſiſche bund, welchen ſie dieſes jahr angenommen, alſo daß
nichts aus dieſem geſchäft wurde.

Im jahre 1614. begehrte der König in 1614.
Frankreich 600. Eydgenoſſen, welche ihme
auch bewilliget wurden. Die berneriſchen fahnen zogen aus unter anführung Gerhardt von
Diesbach; der ſammelplaz war zu Solothurn,
und die geſamte mannſchaft war in 2. regimenter abgetheilt, deren eines Caſpar Galatin
von Glaris, das andere Jakob Vögeli von
Freyburg kommandierte.

Der Herzog von Savoy ließ abermalen auf
einer tagſazung zu Baaden, durch ſeinen agenten Hrn. de la Tournette, die löblichen Cantone erſuchen, ihme zu ſeinem recht wider die
Stadt Bern zu verhelfen, und bekam hierauf ein ſchreiben von den 12. übrigen Orten,
darinnen ſie ihn vermahnten, die Berner in
ruhigem beſiz des Welſchlandes verbleiben zu
laſſen, welches er vielleicht nicht erwarten geweſen.

Q 4 Um

1614.

Um diese zeit drangen die Freyburger wiederum auf die theilung der 4. Vogteyen, so sie mit Bern in gemein besizen. Die Berner schikten hierauf eine gesandtschaft nach Freyburg, um sie von diesem entschluß abwendig zu machen. Die Gesandten waren Clado Weyermann, und David Ammann des kleinen, Simon Wurstemberger, und Samuel Zehnder des grossen Raths. Sie wurden gut eydgenößisch empfangen, konnten aber die begehrte burgerrechtserneuerung nicht erhalten; und obwohlen die Freyburger auch eine deputation nach Bern schikten, so wurde doch wegen dem anstiften der Geistlichkeit, keine rechte gegenseitige zuneigung verspürt. Hingegen bezeigten die Venetianer ein besonderes verlangen, mit den 4. evangelischen Städten in einen bund zu tretten. Sie schikten einen Gesandten nach Bern, der die gemüther wohl disponiert befande. Als man aber vernommen, daß die Bündner das gleiche begehren auf französisches anstiften ausgeschlagen, so wurde dieser antrag zu mehrerer überlegung zurükgewiesen.

Indessen hatte sich der Erzbischof von Mainz, des Bischofs von Basel angenommen, und ein starkes schreiben an die Sadt Bern abgehen lassen; es mischte sich auch der französische Ambassador in dieses geschäft, und

auf

auf der tagsazung zu Baaden wurde ein ver- 1614. trag, von den eydgenößischen Gesandten, in die feder dictiert, welchen die bernerischen Gesandten unanständig befanden, und jedoch ihrer Obrigkeit zu kommunicieren bewilligten.

Noch im gleichen jahre wurden die aufrührischen Frikthaler, durch die vermittlung einer eydgenößischen Deputation, bey deren Franz Ludwig von Erlach, Herr zu Spiez, gewesen, wieder zum gehorsam gebracht. Diese unruh war wegen etlichen neuen auflagen entstanden.

Im jahre 1615. vermochten der König in 1615. England, und die Landschaft Wallis so viel, daß der Herzog von Savoy und die Stadt Konferenz zu Bern, ihre nun so lange walltenden streitig- St. Mokeiten, durch eine freundliche konferenz zu St. rizen. Morizen, beyzulegen sich entschlossen; die vom Herzog dahin verordneten Gesandte waren, der Graf v. Tournon, der auditor Valdangon, und der Hr. von Monthou; von Bern Abraham Stürler sekelmeister welscher Landen, Hans Frisching venner; und von den burgern, Franz Güder, Anthoni Tillier, und Hans Rudolf Horn, gubernator zu Aelen, als sekretarius; die Landschaft Wallis, als schiedsreichterinn, schikte den landshauptm. Mattheus

Q 5

1615. theus Schiner, den alten landhauptmann Joſt,
den obriſt Kalbermatter, den Anthoni Walden, den hauptmann Preux, den landſchrei-
ber Zuber, und den kaſtlan Magran; dieſe verſprachen, ſolche gedinge beyden partheyen
anzubieten, daß ſie alle hofnung hätten, ſelbige verſöhnen zu können; weilen aber die
Berner an dem vertrag von 1564. ſteif zu
halten, des Herzogs Geſandten aber ſelbigen
umzuſtürzen entſchloſſen waren, ſo wurde vor
dieſesmal nichts ausgerichtet; doch hat kurz
hernach dieſes geſchäft ſeine endſchaft erreicht,
wie die folge dieſer geſchichte zeigen wird.

Der bund zwiſchen Zürich, Bern und
Venedig, kam hierauf auch wieder auf das
tapet, und es wurde würklich ein project auf-
geſezt, allein der bund ſelber kam doch nicht
zu ſtand. Deßgleichen regte ſich abermalen
das münſterthaliſche geſchäft, und blieb auch
unausgemacht.

Im jahre 1615. trachteten die evangeliſchen
Eydgenoſſen nochmals die Katholiſchen zu bewegen, die Stadt Müllhauſen wiederum in
den bund aufzunehmen; ſie konnten es aber
nicht erhalten, und mußten bald hernach eine
deputation den Müllhauſern zu gunſten nach
Ruffach ſchiken, um ſich über die protection
zu beklagen, die die erzherzogliche regierung
den

den banniſerten burgern, wider die Stadt 1615.
fortfuhre, zu erzeigen; es wurde aber wenig
ausgerichtet.

Der Graf von Mümpelgart bat um dieſe zeit die Städte Bern und Baſel, ihme
ihre Geſandten, zu fortpflanzung der guten
bisherigen nachbarſchaft, und einer vertrau-
lichen unterredung, zu ſchiken; von Bern aus
verordnete man Niklaus von Mülinen, und
Clado Weyermann des kleinen, uud Samuel
Zeender des groſſen Raths, welche fürſtlich
traktiert wurden.

Als man in Frankreich, wider bisherigen Fran-
gebrauch, bey beurlaubung des einten von zöſiſche
den Schweizerregimentern, welche im jahre Sachen
vorher der krone bewilliget worden, die übrigen compagnien halbiert, beschloſſen Räht
und Burger zu Bern, ihre mannſchaft heim-
zuberuffen, und ſchrieben ihren hauptleuten,
ungeſäumt den weg nach hauſe zu nehmen.

Im jahre 1616. begehrte Frankreich einen 1616.
volksaufbruch von 6000. Eydgenoſſen, etlicher
Orten Geſandte bewilligten gleich darein,
als in eine den bünden mit dieſer krone ge-
mäſſe ſache; die Geſandten aber der übrigen
Orten, als Zürich, Bern, Schweiz, Glaris, Baſel, Schafhauſen und evangeliſch
Appenzell, nahmen die propoſition in ihre
abſchie-

1616. abscheide, und obwohlen ihre Obern hernach
auch einwilligten, so änderten die 4. evangelischen Städte wiederum sinn, als sie vernommen,
daß diese mannschaft zu aufreibung der Protestanten, ihrer Glaubensbrüder, bestimmt
seye.

Um diese zeit besammelten der Herzog von
Savoy, und der Herzog von Nemours einige mannschaft auf den gränzen, um einander
den krieg zu machen; dieses kam den Bernern verdächtig vor, daß zween nahe verwandte Fürsten, von gleichem stamme, einander aufzureiben gedächten, deßwegen sezten
sie sich in gute postur, um nicht unvermuthet, und unbewehrt von beyden plözlich
überfallen zu werden; und sobald beyde Herzoge sich ausgesöhnt, dankten sie ihre mannschaft wieder ab.

Bundser-
neuerung
mit Neu-
enburg.
Das burgerrecht zwischen Bern und Neuenburg, sollte laut verkommniß alle 5. jahre
erneuert werden. Diese ceremonie aber war
nunmehr 46. jahre lang unterlassen worden,
deßwegen wurde von beyden Städten vor
gut befunden, diesen actum zu vollbringen,
und zwar an jeglichem Ort in gegenwart der
Gesandten der andern Stadt; die dazu von
Bern nach Neuenburg delegierten waren, Abraham Stürler welschseckelmeister, Hans Frisching

sthing venner, Clado Weyermann, und Da 1616.
vid Amman, beyde des kleinen Raths, und
von den burgern, Anthoni Tillier, und Beat
Ludwig Michel.

Noch in diesem jahre kaufte Bern von der Bern
Stadt Brugg die Herrschaft Trostburg; die kauft die
herrschaft
Brugger hatten selbige kurz vorher von einem Trost=
Edeln von Halweil, der in österreichischen dien- burg.
sten war, an sich gebracht; twing, bann,
zinsen und zehenden, wurden zu der Vogtey
Lenzburg geschlagen, und das Schloß und
die Güter verkauft.

Drey=

# Drey und Zwanzigstes Buch.

## Inhalt des drey und zwanzigsten Buchs.

**1617.**

**Unruhen in Bünd- ten.**

Im jahre 1617. giengen die Unruhen im Bündnerland zwischen den verschiedenen partheyen an, welche Hr. Stettler ziemlich weitläufig beschreibt, ich aber, in soweit Bern sich darein gemischet, nur kurz berühren werde.

Inzwischen kam endlich nicht nur ein friede, sondern auch ein bund zwischen Savoy und Bern zu stand; die alten verträge wegen dem welschland, wurden vom Herzogen bekräftiget, und die Berner bewilligten ihm in

fei-

seinem damaligen krieg wider Spanien eine 1617.
hülfe von 3000. mann in ihren kosten; zum
obersten wurde erwählt Anthoni von Erlach,
landvogt zu Ifferten, zum obristlieutenant
Niklaus von Mülinen, zu hauptleuten aber,
Rudolf von Erlach, Hans Rudolf von Wattenweil Landvogt zu Sanen, Niklaus von
Diesbach, Hans Rudolf Wagner amtmann
zu Neus, Peter Zeender, Hans Müller,
Jakob von Gryers, und als der hauptmann
Müller gestorben, wurde Abraham Jenner
an seinen platz erwählt.   Sie zogen aus den
24. junius und nahmen sogleich den weg
durch Savoy in Piemont. Es verreißten auch
in Savoy die Gesandten welche den bund
schwören sollten, Abraham Stürler welschseckelmeister; Hans Jakob von Dießbach,
Franz Ludwig von Erlach Hr. zu Spiez, und
Franz Güder des kleinen Raths, von den
burgern Anthoni Tillier, und Beat Ludwig
Michel. Der bundsschwur geschah vom Herzog selber in gegenwart des Prinzen von Piemont und seiner beyden söhnen, des Gesandten von Venedig, des Englischen Agenten,
und vieler vornehmer Herren und Edelleute;
die bernerischen Gesandten wurden mit vieler
höflichkeit traktiert.

Zu Bern wurden die savoyischen Gesandten mit einem gegenritt von 10. Rathsherren

1617. ren und bey 30. von den bürgern empfangen,
und Anthoni von Graffenried deutschseßelmei-
ster hielte eine rede an sie; nahe bey der Stadt
stuhnden ihnen zu ehren bey 600. mann unter den waffen, und man schoße von einer
höhe an dem weg aus 10. stuken; der bundsschwur geschah vor Räht und Burger, hierauf wurden sie herrlich traktiert, und verreißten wieder den 12ten oktober; die 3000.
Berner zogen, nachdem sie ihre 3. monate
kriegsdienst geleistet, wieder nach hause, langten aber meistens übelmögend an, weilen sie
an die große hize vom piemontesischen klimat
nicht gewohnt waren; da auch zugleich eine
starke krankheit an den orten des Berngebiets,
wo sie durchpaßirt, und auch zu Bern selber
zu graßieren angefangen, glaubte man, sie
seyen von den heimreisenden angestekt worden.
Im gleichen jahre erneuerte der Herr von
Vergier sein burgerrecht mit Bern.

Zu Neuenburg entstuhnde ein streit zwischen den inn- und ausburgern, und der Herzog, der ohne das unzufrieden war, daß Bern
mit seinen unterthanen dieser Graffschaft das
burgerrecht erneueret, wollte nicht, daß dieser streit, den verträgen gemäs, in gemeldter
stadt erörtert werde; der französische Ambaß-
sador wollte in diesem geschäfte mitteln, weilen er aber vor den Herzog partheyisch war,

so

so baten sich die Berner diese mediation höflich aus, und die sache blieb unausgemacht.

Im jahre 1618. wurden die helvetischen 1618. Theologi auf den Synodum von Dortrecht eingeladen; von Bern gienge Marcus Rütimeyer, welcher die acta dieser versammlung, so wider die Arminianer gehalten worden, mit sich brachte.

Um diese zeit entstuhnde ein starkes mißtrauen zwischen den evangelischen und katholischen Orten; leztere klagten, die erstern hätten sie, samt beyden bißtühmern Chur und Wallis unterdruken wollen, und deßwegen geheime anschläge abgefaßt; als sich aber die Evangelischen genugsam darüber rechtfertigen können, wurden beyde partheyen wieder mit einander ausgesöhnt.

In diesem jahre erneuerten, bey anlaß der Bundschwur zwischen Zürich, Bern u. Venedig. bündnerischen unruhen, die immer bedenklicher wurden, die Republik Venedig, und die Städte Zürich und Bern ihren bund; die bernerischen Gesandten waren, Anthoni von Graffenried sekelmeister, Johannes Frisching venner, Niklaus von Mülinen, und Clado Weyermann des kleinen, Samuel Vogt, und Hans Rudolf von Erlach, Herr zu Rigisberg des grossen Raths.

II. Theil.            R            Hier-

1618.

Bund
mit Wallis.

Hierauf erneuerten die Stadt Bern, und die Landschaft Wallis, auf der leztern begehren das uralte bündniß; die ceremonie geschah zu Sitten, und die bernerischen Gesandten waren Nicklaus von Mülinen, und Anthoni Tillier des kleinen, Marquart Zehender, und Jakob Bickard des grossen Raths.

Unwillen
derStadt
Freyburg
gegen
Bern.

Es war in der Herrschaft Tscherliz, und zwar laut den traktaten zwischen beyden regierenden Orten ein Religionsmehr vorgegangen, und selbiges den Evangelischen zu gunsten ausgefallen, darüber wurden die Freyburger unwillig; die übrigen Orte aber trachteten beyde Städte wieder mit einander auszusöhnen.

Die unruhe, die in Deutschland durch die erwählung des Pfalzgrafen Friedrichs zum König in Böhmen erreget wurde, machte die Zürcher und Berner vor die Stadt Müllhausen besorgt; sie vertrösteten auch den Marggrafen von Baaden einer geschwinden hülfe, falls er selbige vonnöthen hätte.

Zu Bern hielte man 1000. mann parat, welche Franz Ludwig von Erlach, und unter ihm Hans Jakob Manuel, und Jakob von Griers kommandieren sollten. Nach Müllhausen aber schikte man zur besazung 50. mann, die Abraham von Erlach anführte.

Im

Im jahre 1619. schikte Bern mit den übrigen eydgenößischen Gesandten auch die seinigen nach Chur, um die bündnerischen factionen wieder zu vereinigen; allein sie kehrten unverrichter dingen nach hause, denn die verbitterung war zu groß.

Dieweil aber die Bündner unter sich selber uneins waren; wurde ihnen das schöne Veltlyn, von ihren eignen bannisierten, mit hülfe der Spanier, entrissen, und die darinnen wohnende Evangelische, durch ein gräuliches blutbad ausgereutet; es geschah zwar ein auszug aus den nächst gelegenen gemeinden des Bündnerlands, die landwehren wurden überstiegen, der hauptfleken Sonders wieder eingenommen, und die feinde überall glüklich zerstreut; allein wegen ihrer eignen zweytracht, liessen sie diese vortheile fahren, und kehrten in ihr unruhiges Vaterland zurük, um die hülfe der evangelischen Orten zu erwarten.

Auf die geschehene mahnung, sonderlich des zehen gerichten bunds, schikten die Städte Zürich und Bern, den bünden gemäs, ihr volk dahin; erstere 900, leztere 2000. mann. Die Berner hatten zu ihrem anführer Niklaus von Mülinen, die hauptleute aber waren, Jost von Bonstetten, Hans Rudolf Wagner,

1620. ner, Abraham von Graffenried, Abraham
Binder, David Stürler, und Bartlome Rö-
merstall.　Umsonst trachtete der französische
Ambassador diesen auszug zu verwehren; die
katholischen Orte aber sezten sich vor, diese
hülfsvölker, auf anstiften der Katholischen
des grauen bundes bey Mellingen aufzuhalten.　Dieses veranlaßte eine gemeine eydgenößische tagsazung zu Baaden; die Katholischen wollten von ihrem vorhaben nicht abstehn,
die Evangelischen aber gaben nach, und giengen bey dem Fahr von Windisch über die
Reuß, von da aber durch die Grafschaft
Baaden; erstere erreichten in soweit dadurch
ihren zwek, daß die Evangelischen an ihrem
marsch versäumt wurden, und erst den 11ten
augustus zu Chur anlangen konnten.　Die
katholischen gemeinden vom obern bund deputierten an die hülfsvölker von Zürich und Bern,
mit bitt, daß sie von ihrem vorhaben abstehen, und den entschluß einer frischen eydgenößischen tagsazung zu Zug erwarten möchten,
destomehr, da die gleichen gemeinden indessen
von den übrigen erhalten hatten, daß man
dem französischen Gesandten das land wiederum öfne, daß die völker der katholischen
Cantonen mit denen von Zürich und Bern sich
vereinigen sollten, daß ein neues unpartheyi-
sches strafgericht angestellt werde, (welches
in

in dem Bündnerland eine art von diktatur, 1620.
oder ein collegium von diktatoren iſt.) und
daß die römiſch Katholiſchen vor ihre Religion
genugſame ſicherheit bekommen.

Aber die Berner lieſſen ſich nicht noch einmal aufhalten, ſondern zogen ſtrals auf Cleven; die Zürcher nahmen ihren weg durch
das obere Engadyn, und endlich ſtoßten ſie
mit den evangeliſchen Bündnern, die der ritter Johann Guler anführte, allerſeits in der
Grafſchaft Worms zuſammen, eroberten den
hauptfleken Worms, nahmen die, ſo gnade
begehrten, in huldigung auf, die übrigen ſtoh-
hen in die gebirge; von da zogen ſie ins Veltlyn nach Tirano, wo die feinde ſich verſammelt hatten, und weilen ſie ſich unbehutſam
in die engen zugänge gewagt, wurden ſie
von den Spaniern mit allzu groſſem vortheil
angegriffen, und mit merklichem ſchaden zu-
rükgetriben; die Berner, die den vorzug hatten, litten am meiſten dabey, von den gewe-
nen blieben 200. mann auf dem plaz, der
obriſt von Mülinen blieb auf der wallſtadt
liegen, und der venner Friſching, welcher
kurz zuvor zu bezahlung des ſoldes im lager
angelanget war; von den hauptleuten kame
Abraham Binder alleine mit dem leben davon. Die meiſte ſchuld wurde dem obriſt
von Mülinen beygemeſſen; dieſes aber hin-

R 3    derte

derte nicht, daß er wegen seinem eyfer vors Vaterland und vor die Religion sehr bedauret wurde.

Die Zürcher und Bündner begaben sich mit den übergebliebenen Bernern nach der schlacht nach Worms zurük, und von da zogen die fahnen von Zürich und Bern gen Zug; die Bündner aber zerstreuten sich wieder in ihre gemeinden.

Indessen waren auch die völker der 5. katholischen Orten in Bündten gezogen; diesen trauten die Evangelischen nicht zum besten, verliessen derowegen Zug im Engadyn, und marschierten auf Meyenfeld, vorhabens, dorten weitern befehl zu erwarten.

Es wurde eylends eine konferenz zu Baaden gehalten, und die Evangelischen hätten gerne gesehen, daß man erkenut hätte, eine allgemeine eygenößische Deputation in Bündten zu schilen, um sich über die mittel zu berathschlagen, diese ansehnliche Republik zur ruhe zu bringen, und selbiger wieder zur ungestörten besizung des Veltlyns zu verhelfen, allein die Katholischen drangen auf vorherige erörterung der streitigkeiten, zwischen Zürich und Bern, und den Orten Luzern, Ury, Schweiz, Unterwalden und Zug, zwischen Bern und Freyburg, und zwischen Schweiz und Glaris.

ris. Deſſen ungeacht kam endlich die obge- 1620.
nannte deputation zu ſtand, und von Bern
aus ſchikte man Samuel Jenner des kleinen
Raths.

Die übriggebliebene berneriſche mannſchaft
zog den evangeliſchen Deputierten, die die
reiſe gemeinſchaftlich angetretten, entgegen,
und baten, daß man ihnen ſelber die com-
mißion, die lediggewordenen hauptmannſtel-
len zu beſezen, oder aber den Herren Abge-
ſandten überlaſſen möchte: weilen man aber
hofnung hatte, die entſtandene unruhe fried-
lich beyzulegen, wurde dieſes geſchäft als un-
nöthig aufgeſchoben. Hierauf fieng die konferenz an, und zwar zu Chur, wurde aber
bald von da nach Jlanz verlegt. Die zweytracht zwiſchen dem obern bund, und den 2.
andern, war ſo groß, und die ſchiedsrichter
ſelber kamen in ihren gedanken ſo wenig überein, daß man unverrichtet auseinander gienge. Der berneriſche Geſandte beurlaubte, laut
habender vollmacht, die berneriſche mannſchaft, die Zürcher aber, und die völker aus
den 5. Waldſtädten verweilten ſich noch länger in Bündten.

Indeſſen ſtarb der König in Spanien, und
hinderließ ſeinen willen und geſinnungen ſchrift-
lich ſeinem thronfolger, welcher gemeinſchaft-

R 4                              lich

lich mit dem König in Frankreich folgende
vergleichnißpunkten den Bündnern anbieten
ließ.

1621. Die gleich anfangs ins Veltlyn eingerukte
spanische mannschaft sollte noch eine zeitlang
dorten, ohne zweifel zu beobachtung der vergleichspunkten verbleiben, die lezthin aber dahin verlegte mannschaft ausmarschieren, die
in dieser unruh vertriebenen katholischen Bündner begnadiget, und wieder in besiz ihrer güter eingesezt werden.

Alle änderungen, so seit 1617. zum nachtheil der katholischen Religion im Veltlyn vorgegangen, sollen wieder abgethan werden, und die
beyden Könige von Frankreich und Spanien,
samt den 13. Cantonen handhabere dieses gegenwärtigen traktats seyn.

Die vom Herzogthum Mayland zurükkom-
mende Gesandten des obern bundes, verklag-
ten bey ihrer wiederkunft den französischen Gesandten, daß er den veltlynischen überfall zu
veranstalten geholfen; dessen ungeacht sönderte
sich hierauf dieser gleiche bund von den 2. übrigen ab, und willigte in einen traktat mit
Spanien, bey welchem mehr der haß gegen
die zween übrigen bünde, in welchem die
Evangelischen die stärkern waren, als der nuzen des Bündnerlandes zu rath gezogen wurde.

Die=

Dieser traktat oder kapitulat; ist desto merk-　1621.
würdiger, weilen er den nachfolgenden kapi-
tulaten zur Basis gedienet, und die Evangelischen, ungeacht sie sich lang darwider gesperrt, dennoch zulezt den umständen weichen,
und desselbigen nachtheilige gedinge meistens
eingehen müssen; es würde mich aber von meinem zwek ableiten, wenn ich diese verhandlun-
gen umständlich beschreiben wollte.

Gemeldter traktat brachte die 2. übrigen
bünde in harnisch, viele gute patrioten vom
obern bund waren auch sehr mißvergnügt.
Das feuer nahm endlich einen so gewaltigen
ausbruch, daß dieser bund den traktat wieder
fahren lassen, und dem bündniß mit den
Gottshausleuten und den zehen gerichten sich
gemäs aufführen mußte. Die Spanier wurden über den Crispalt nach Urselen zurükgetrieben, und die gemeinden versammelten sich
unter die landsahnen der 3. bünden zu Ems.

Auf anrathen aber der Gesandten, so die
evangelischen Städte bey diesem anlas wieder
in Bündten geschikt, giengen sie wieder aus
einander, und es blieb sehr wenig volk bey
dem groben geschüz. Also ließ sich alles sehr
gut zum frieden und zur einigkeit an, wenn
nicht Spanien den grauen bund wiederum
plözlich überfallen, und ihnen der Erzherzog

R 5　Leo-

1621. Leopold auf der teutschen gränze den feilen lauf feindselig abgeschlagen hätte; die Bündner sezten sich wieder herzhaft zur gegenwehr, schlugen die feinde aus dem Masorenthal heraus, und baten die evangelischen Cantone um eylige hülfe.

Frankreich spielte in diesem geschäfte eine zweydeutige rolle, und schikte einen außerordenlichen Gesandten, den Hrn. von Monthololon, in diesen umständen in die Schweiz, nachdem es sich bis dahin des Herrn Guessier in diesem geschäft bedienet hatte; dieser unterredete sich zuerst zu Arau mit den Gesandten der evangelischen Orten, begabe sich von da nach Chur, und schluge endlich nach verschiedenen negotiationeu mit dem stadthalter von Mayland, dem Erzherzog Leopold, und den katholischen Cantonen, den Bündnern neue artikel vor, um kraft derselben wieder zu besizung des Veltlyns zu gelangen; die vornehmsten waren: sie sollten den Bischof wieder in besiz des Bistums, und aller seiner einkü:ıste sezen, daß die freye übung der katholischen Religion, in allen bündnerischen gemeinden zugelassen werde, daß allerley ordensleute überall im lande ihre geistlichen funktionen verrichten dörfen, daß es überall erlaubt seye Kirchen, Collegia und Klöster zu bauen, und selbigen vergabungen zu machen, daß alle Katho•

tholische, so während diesen unruhen banni- 1621.
siert worden, wieder allerdings begnadiget
werden, daß im Veltlyn keine andere als die
catholische Religion geduldet werde.

Etliche von diesen artikeln wurden gutgeheissen, andere, sonderlich der artikel, daß die
evangelische Religion im Veltlyn nicht länger
plaz haben solle, wurden abgeschlagen. Die
Bündner schrieben an die Könige von Frankreich und Spanien, sich zu rechtfertigen, einen
weitläufigen brief, und die evangelischen Cantone hielten mit dem Hrn. von Montholon
zu Bremgarten, wegen diesem verdrießlichen
geschäft eine nochmalige konferenz; auf derselbigen fragte man den französischen Abgesandten, ob er den vom jezigen König in Spanien bey seiner thronbesteigung angebottenen
vergleichspunkten beytretten, und selbige gutheissen wolle, kraft deren er das Veltlyn seinen rechtmäßigen besizern wieder zu überlassen sich anerbotten: und als er keine deutliche antwort geben wollte, erklärten sich nichts
destoweniger die Gesandten der evangelischen
Städte, ihre obern hätten diese bedinge gutgeheissen, und seyen selbige zu handhaben gesinnet.

Den Bündnern vergienge indessen die ge-
duld, den langwierigen vermittlungen abzu-
war-

1621. warten; ſie beſchloſſen, die feinde mit gewafneter hand aus ihrer bottmäßigkeit zu ver-
jagen, und zu dieſem ende 4000. mann aus
jeglichem bund zu gebrauchen; ihre widerſä-
cher aber feyerten auch nicht, ſondern die
Oeſterreicher, die mit den Spaniern unter
der gleichen deke lagen, fielen unter anführung Rudolfs Planta, eines von den bündneriſchen baniſierten verräthers ins Pretigöw,
und in das untere Engadyn, von da rukten
ſie bis in die Grafſchaft Cleven, und raubten nicht nur die häuſer und ſtekten ſie in
brand, ſondern ſchonten auch der weiber und
kinder nicht, und verbreiteten einen ſolchen
ſchreken, daß die obern Engadyner ſich zur
willigen übergabe entſchloſſen; dieſer neue
einfall verurſachte ſtarke bewegungen in der
Eydgenoßſchaft, und veranlaßte verſchiedene zu-
ſammenkünfte, dieweil die Oeſterreicher, durch
den glüklichen fortgang aufgemuntert, das
Städlein Meyenfeld, und hernach Chur ſelber überrumpelten.

Da nun die gefahr am größten war, verlohren die langſamen Eydgenoſſen die zeit mit
eiteln tagſazungen, anſtatt ihren bedrängten
Bundsgenoſſen mit gewafneter hand, und
ungeſäumt beyzuſpringen; der geiſt der Nation die innerliche zweytracht, und die ver-
faſſung der ſchweizeriſchen Republik waren zuſammen

sammen schuld an diesem verzug; die Eydge- 1621.
nossen wehren sich so lange sie können, die
gewalt zu gebrauchen, und entschliessen sich
gewöhnlich erst dazu, wenn die friedlichen
mittel völlig vergeblich sind, diese allzubekann-
te beschaffenheit haben sich die auswärtige
bottschafter gewöhnlich zu nuze gemacht.

Nach langem wurde eine gemeineydgenößi-
sche gesandschaft an den mayländischen stadthalter den Herzogen von Feria erkennt;
von Bern aus wurde der Rathsherr David
Fellenberg zum Deputierten erwählt.  Der
Herzog empfing sie höflich, und versicherte sie,
sein König habe der wegen ihrer Religion bedrängten Veltlynern sich nothwendig annehmen müssen, und die absicht des überfalls
seye gewesen, sie vor der harten bündnerischen
dienstbarkeit zu schüzen; wenn aber die
Bündner solche gedinge eingehen wollten,
dadurch dieser armen leute Religion und
freyheiten genugsame sicherheit und schirm bekämen, so seye sein Herr nicht ungeneigt, den
Bündnern ihre Herrschaften und Länder zurükzugeben; beym abscheid der gesandten bekam jeglicher zum geschenke eine goldene kette samt einer schaumünze mit des Königs bild
daran, welches aber die Evangelischen großmüthig ausgeschlagen.

Die

**1621.** Die Bündner williigten zulezt aus noth
in einen ſehr nachtheiligen traktat, kraft deſſen unter andern die öſterreichiſchen beſazun-
gen noch 12. jahre lang, zu Chur und May-
enfeld, ſollten geduldet werden.

Die Eydgenoſſen ſchikten auch eine geſandſchaft, wegen den bündneriſchen ſachen, an
die öſterreichiſche regierung; von Bern aus
giengen der Rathsherr David Ammann, da
wurden beyde partheyen, die Oeſterreicher
und Bündner, gegen einander verhört, aber
nichts ausgemacht.

Die Bündner ergriffen endlich, aus einer
glüklichen verzweiflung, die beſte parthey, und
die einem freyen tapfern volke am anſtändig-
ſten iſt, nemlich lieber unter den ruinen ihres
Vaterlandes, mit dem degen in der fauſt um-
zukommen, als ſich länger ſo ſchändlich trak-
tieren zu laſſen; wir werden im folgenden bu-
che ſehen, daß das ſchikſal dieſen edeln entſchluß mit glük bekrönet hat.

Vier

# Vier und zwanzigstes Buch.

## Inhalt des vier und zwanzigsten Buchs.

Fortsezung der bündnerischen Geschichten, von 1622. bis 1630.

Die Bündner fiengen damit an, den Eyd- **1622.** genossen ihren erbarmungswürdigen zustand überhaupt, und der Prettigöwern insbesonders, vorzustellen, welche von den Oesterreichern aufs härteste gehalten, als rebellen traktiert, ihrer incontestabeln privilegien beraubet, und nichts anders als die unterbrukung ihrer evangelischen Religion, und die einspannung in ein fremdes joch, nebst aufhebung ihrer bisherigen bündnissen, vor sich sahen. Die Glarner, als die nächstangränzenden, bekräftigten diese aussage, und fügten ihre vorstellungen hinzu; Bern wurde insonderheit aufgemahnt; die Bündner aber, die durch eine leidige erfahrung klug gemacht worden, liessen ihr schiksal nicht mehr von einer so

eyfer-

1622. eyferlofen hülfe abhangen, fondern rukten felber ins feld, ohne fich, wie bisdahin, durch die vorftellungen ihrer bundsgenoffen laffen abwendig zu machen, welchen fie ihr unglük und erlittenen fchaden meiftentheils zu danken hatten.

Die Prettigöwer und etliche andere gemeinden thaten fich zufammen; ihre anführer waren, Rudolf Salicus von Salis, und der landammann Guler von Winek. Es kam zu etlichen fcharmüzeln; und unter andern zu Fläfch wurden 400. Oefterreicher erfchlagen, und 200. ertrunken im Rhein. Hernach bemächtigten fie fich der wichtigen päffen St. Lucii Steig, beyder Rheinbrüggen, untenher Chur, des engen Wegs bey Haldenftein, und der Rheinbrug bey Reichenau, gegen den obern bund. Sie baten die Eydgenoffen abermal, laut den bünden um beyftand; anftatt deffen aber fchikten die mitregierenden Orte der Graffchaft Sargans eine troftlofe deputation in Bündten, die Bündner wieder abzumahnen; fie fezten aber den entfchluß fort, fich felber mit gewafneter hand aus der fchlinge loßzumachen, und nach ellichen kleinen treffen, da fie meiftens die oberhand behielten, nahmen fie endlich Meyenfeld und Chur ihren feinden wiederum glüklich ab.

End-

Endlich zog der general von Salis mit 1622. 5. fahnen das land herauf, gegen den grauen bund, bewog selbigen, die erzwungene mayländische kapitulation aufzuheben, und 9000. Cr. zur buß, wegen ihrer am gemeinen Vaterlande bezeigten untreue zu entrichten, welche unter die bündnerischen soldaten ausgetheilet wurden. Hernach wurde ein bundstag zu Chur gehalten, und auf selbigem folgende artikel festgestellt:

Alle bannisierten rebellen, so sie versprechen wollen, führohin getreu zu seyn, sollen begnadiget, das Capitulat aufgehoben, die pässe wohl verwahret, ein kriegesheer von 1200. mann aus jedem bund, unter dem general von Salis unterhalten, und der bundsbrief auf ein neues beschworen werden.

Nach diesem eroberen sie mit gleichem guten fortgang das Engadyn, und ungeacht die feinde bey 5000. an der zahl waren, mußten sie dennoch mit vielem verlust aus dem lande weichen; durch diese nachtheilige veränderung der sachen in Bündten, wurde das Haus Oesterreich heftig aufgebracht, und klagte die Eydgenossen an, daß sie der erbeinigung zuwider, dazu behülflich gewesen. Dieses veranlaßte eine konferenz zu Lindau, und inzwischen wurde ein waffenstillstand aufgerichtet.

II. Theil.　　　　　S　　　　　tet.

1622. rc. Die evangelischen Cantone schikten auch damals, zu gunsten der Bündner, eine gesandschaft in Frankreich, (der bernerische Gesandte war Franz Ludwig von Erlach,) die aber ganz kalt und trostlos empfangen wurde; doch verliessen sich die Eydgenossen und Bündner auf den stillstand der waffen, als ganz unvermuthet, und wider das völkerrecht, die Oesterreicher, wie grimmige löwen, in das Unter-Engadyn einfielen, von dannen durch das Pretigöw bis nach Meyenfeld fortrukten, an allen orten viele grausamkeiten begiengen, und sogar bis auf eydgenössischen boden zogen; der geringe widerstand der hie und da in eyl gesammelten mannschaft aus den gemeinden, wurde über einen hauffen gestossen, die besoldeten 3600. mann hatten sich meistens aus dem staube gemacht, und überall sahe alles erbärmlich aus, als die konferenz zu Lindau ihren anfang nahm.

In diesem elenden zustande bequemten sich die Bündner, mit etwas abänderung das mayländische Capitulat wieder anzunehmen; Frankreich befande vor gut, daß bis zu austrag dieser streitigkeiten der Pabst das Veltlin in sequester nehmen sollte, Spanien aber bezeigte keine lust, seine völker aus dieser gegend zu ziehen, sondern machte ansprachen auf das Masoxerthal, als auf eine lehn des Reichs,

Reichs, und der Erzherzog von Oeſterreich 1623.
ſezte ſich vor, zu leichterer unterdrukung der
bündneriſchen freyheit, und zu bewahrung des
paſſes St. Lucii Steig, eine veſtung dorten
anzulegen.   Die Bündner waren in ſo übeln
umſtänden, daß ſie halb gezwungen darein
willigen mußten; doch lieſſen die Cantone dem
Hauſe Oeſterreich wider dieſes unternehmen
vorſtellungen thun, die wenig würkung hatten.

Der Pabſt Urbanus ſchrieb indeſſen die be- 1624.
dinge vor, mit denen die Bündner das Veltlyn wieder bekommen ſollten; ſie waren auf
gänzliche ausrottung der evangeliſchen Religion
in dieſer Landſchaft abgerichtet, und er ließ
ſeine völker einruken: der Krone Spanien aber
war es kein ernſt, dieſe eroberung, die ihr zu
einem paß in Deutſchland ſo kommlich gelegen
war, zurukzugeben, und vielleicht wäre dieſe
Landſchaft vor die Bündner beſtändig verlohren geweſen, wenn nicht zu ihrem glük Frankreich ſich mit Spanien zerworfen hätte, und
mit Zürich und Bern, ſamt der Landſchaft
Wallis übereingekommen wäre, ihnen mit
gewafneter hand das Veltlyn, Worms und
Cleven wiederum zuzuſtellen.   Da bekamen
die ſachen bald eine andere geſtalt, es war
auch die größte zeit, denn die Bündner hatten den muth wieder gänzlich fahren laſſen;

S 2                    als

1624. als sie aber vernahmen, daß einerseits die
Franzosen, andrerseits die völker von Zürich,
Bern, Wallis und Neuenburg, zu ihrer ret-
tung schon in vollem anzug seyen, wachten
sie plözlich wiederum auf. Der entschluß des
französischen Hofs hatte die Berner aufgemuntert, sie saumten sich dißmalen nicht, ihren
bedrängten freunden beyzuspringen; sie erwählten zum feldobersten Niklaus von Diesbach,
und zu hauptleuten Wilhelm von Diesbach,
Josua Weyermann, und Anthoni von Weingarten.    Der auszug geschah zu ende des
oktobers.    Die Bündner hatten indessen wieder zusammengeschworen, und sich ohne
grossen widerstand des St. Lucii Steigs, des
Prettigöws, der Rheinbrük, und der Stadt
und Schlosses Meyenfeld bemächtiget.    Die
Eydgenossen und Franzosen langten gleich darauf an, sie halfen ihnen die gränzen gegen
Deutschland verwahren, und hierauf gieng
der zug mit vereinigten kräften in das Veltlyn; die Franzosen waren vom Marquis de
Couvres, die Zürcher von Caspar Schmid,
die Walliser von Angelin Preux, von Si-
ders, und die Neuenburger von Johann Gui
angeführt.    Die eroberung der vesten pläzen
des landes gieng glüklich von statten, und
es wurden zwischen denen landleuten, die sich
unterwarfen, und den Bündnern einige pre-
liminarartikel vestgesezt.                    Im

Im jahre darauf wurde die Vestung Cle- 1625.
ven auch mit kapitulation eingenommen, bey
welchem anlaß der französische general einige
klagen wider das Bernerregiment angebracht,
die aber genugsam widerlegt wurden.   Die
Urner ließen sich auch bereden, ein regiment
dem König in Frankreich, zu eroberung des
Veltlyns herzugeben, wider die bisherigen gesinnungen der katholischen Orten;   also daß,
ungeacht der vorstellungen des Hauses Oesterreich, das sich auf die erbeinigung berufte,
und über derselben infraction von seiten der
Cantonen sich beschwerte,   die sachen glüklich
von statten giengen.

Auf einer konferenz zu Baaden,  über die Konferenz zu
Baaden.
bedinge der restitution des Veltlyns, drangen die evangelischen Orte auf die Religionsfreyheit in dieser Landschaft, und die Katholischen  auf  die  mehrere  sicherstellung ihres
glaubens.   Der marschall von Bassompierre,
kam hierauf nach Bern, und begehrte einen
neuen volksaufbruch; zu fortsezung des krieges, an den gränzen des Veltlyns; die Berner bewilligten ihm 1000. mann, die unter
obgemeldtem obersten von Diesbach stehen solten, und überließen dem marschallen die wahl
der hauptleuten :  der verordnete Abraham
Jenner, Niklaus von Diesbach, Hartmann
von Erlach, und Sebastian Chasseur.

S 3                         In-

1.626.    Indeſſen kamen Frankreich und Spanien
mit einander überein, mit welchen bedingen
leztere Krone den Bündnern die eroberten
Landſchaften wieder zuſtellen ſolle. Dieſe bedinge waren der katholiſchen Religion, und
den freyheiten der unterthanen ſo günſtig,
hingegen der evangeliſchen Religion, und den
gerechtigkeiten der Bündner ſo nachtheilig,
daß ſie ihnen höchſtens mißfielen, und ſie ſich
darüber durch ihre Geſandten auf der eydgenößiſchen tagſazung zu Baaden beſchweren
lieſſen; deſſen ungeacht wurden ſie abermalen
von ihren bundsgenoſſen in dieſen bedenklichen umſtänden verlaſſen, und das regiment
von Ury, ſamt 2. regimentern von Bern,
zogen wieder nach hauſe, nachdem ſie von
dem franzöſiſchen Hof, der ſie im ſold gehabt,
beurlaubet worden; doch gaben die Berner
ihren Geſandten befehl, die ſie auf eine konferenz nach Solothurn ſchikten, ( ſo von dem
franzöſiſchen Ambaſſadoren begehrt worden,)
daß ſie trachten ſollten, beſſere bedinge vor
die Bündner auszuwürken.

Der zum theil wider die Evangeliſchen in
Bündten gelungene ſtreich, munterte den Biſchof von Wallis auf, dieſelben in daſiger
Landſchaft auch völlig auszurotten, und er
brachte es dahin, daß alle darüber ergangene ordnungen, ob denen man eine zeitlang
nicht

nicht zum eyfrigsten gehalten, mit aller stren-   1626.
ge vollzogen wurden; denen die nicht gfallen
wollten, sezte man einen termin, ihre güter
zu verkauffen, und ihre wohnungen anderswo aufzuschlagen.  Hr. Stettler meldet gar
nichts, daß die Berner sich ihrer angenommen.

Indessen bemühten sich die Bündner bes-  1627.
sere bedinge, in ansehung des Veltlyns, wie
es ihnen wieder sollte zugestellt werden, auszuwürken, da andererseits die Veltlyner, mit
ihren neu erlangten privilegien noch nicht zufrieden, selbige noch weiters auszudehnen
trachteten, und dazu unter der hand vom
stadthalter von Mayland aufgestiftet wurden.

Der bündnerische Gesandte Molina, der  1629.
dieser sachen halber in Frankreich geschikt wurde, richtete nichts aus; bald darauf machten die Oesterreicher abermalen einen verräthe-
rischen streich: sie beruften die bündnerischen
Gesandten auf eine zusammenkunft nahe bey
dem Schlosse Guttenberg, um wegen des
passes vor das österreichische kriegesvolk in
Italien, übereinzukommen, vor dem bestimmten tag aber bemächtigten sie sich des schon
so oft erwehnten passes bey St. Lucii Steig,
und der Rheinbrük, und warfen daherum
schanzen auf.  Die Eydgenossen schikten deputierte

putierte dahin, um sich über diese gewaltthätigkeiten gegen ihre bundsverwandte zu
beklagen, und die gränzen vom Rheinthal
und Sarganserland verwahren zu lassen.

**1630.** Der kommandierende obristwachtmeister
Calasso entschuldigte diese aufführung so gut
möglich, mit verschiedenen vorwänden, und
versprach, die Eydgenoßschaft im geringsten
nicht zu beunruhigen, aber gegen die Bündner führte er sich desto härter auf, und hielte
sie in einem unerträglichen zwang; dieses veranlaßte 2. konferenzen zu Solothurn. Frankreich verhieß den Bündnern beyzustehn. Die
Eydgenossen beschlossen auch ihre bundsgenossen nicht länger ihren feinden in dem rachen
zu lassen; als es aber zur execution kommen
sollte, nahmen etliche Cantone ihr wort wieder zurük, aus den übrigen aber wurden 2.
regimenter angeworben, jedes von 3000. mann;
das einte kommandierte Hans Ludwig von
Erlach, Herr zu Castelen, und hatte, nebst
den bernerischen compagnien, die von Zürich,
Glaris, Basel, Appenzell, St. Gallen, und
eine bündnerische compagnie unter sich; das
andere regiment war von Franz d'Affry angeführt, und bestuhnde aus den compagnien
von Freyburg, Solothurn, Biel und Neuenburg: anstatt aber den Bündnern damit luft
zu machen, wurde das erstere in Piemont,
und

und das andere an den gränzen von Lothrin- 1630.
gen gebraucht.

Inwährend diesen bündnerischen unruhen,
mußten die Eydgenoſſen auf den gränzen gegen Deutſchland, wegen der nachbarſchaft der
vielen öſterreichiſchen völkern beſtändig auf ihrer hut ſeyn; die Basler lebten ſonderheitlich in beſtändigem ſchreken, und die
Stadt Müllhauſen wurde auch von der öſterreichiſchen regierung angefochten.

S 5                    Regiſter

# Register

der vornehmsten Begebenheiten, so in diesem zweyten Theile vorkommen.

# Bündnisse und Burgerrechte.

Merk=

## Merkwürdige Schlachten.

## Käuffe und Eroberungen.

# ERRATA.

Seite 6. Linie 3. lies Sigwart anstatt Sigmund.

7. L. 11. vor Räth und Burger zu erscheinen.

11. L. 22. Augustin von Weissenfluh ohne Komma dazwischen.

34. L. 21. ferne anstatt Verene.

40. L. 14. bekame anstatt bakame.

51. L. 4. flüchtlinge anstatt flüchlinge.

65. L. 26. Piney anstatt Piney.

74. L. 26. verbleiben anstatt verblieben.

82. L. 10. beredet anstatt bereden.

96. L. 11. Bern anstatt Brn.

103. L. 9. Freyburg anstatt Ferib.

113. L. 5. aufzumunteren anstatt aufzumuteren.

115. L. 17. und den landammann anstatt und landammann.

115. L. 24. geschehn anstatt gesche.

126. L. penult. Anguisola anstatt Anguifola.

127. L. 12. vermehrte anstatt vermehrten.

189. L. 19. Zeender anstatt Zeenter.

200. L. penult. grausame anstatt graugsame.

203. L. 14. deren anstatt dere.

262. L. 18. erkennt anstatt erkennt.

270. L. 9. gienge anstatt giengen.

# Rede,

welche der Verfasser im Jahr. 1764.
an die
## Mitglieder
des
## Aussern Standes
gehalten,
die an die Regierung gelanget sind,
als sie, nach gewohntem Gebrauche,
einen feyerlichen Abscheid genommen.

―――――――――――

BERN,
―――――――――――
Gedruckt bey Brunner und Haller, 1766.

# Wohlgebohrne,

## Hochgeachte, Gnädige Herren.

Der heutige Tag ist einer von den
feyerlichsten Tagen in unsrer
Republik, und der gegenwär-
tige Auftritt ist einer von den merkwür-
digsten Auftritten unsers Lebens: Freunde
nehmen einen beweglichen Abscheid von
ihren Freunden, Verwandte von ihren
Verwandten, Brüder von ihren Brü-
dern. Die einen von uns sind erhoben,

und

und unter die Fürſten des Landes geſezt
worden, die andern aber in ihrem vor-
herigen Zuſtande geblieben. Wir, die
leztern, wünſchen Euch, den erſtern, zu
Euern erlangten Ehrenſtellen, Glük. Der
Höchſte wolle Eure Regierung ſegnen,
und Eure Rathſchlüſſe zum Beſten des
Vaterlandes gedeyen laſſen.

Welch ein erfreulicher Anblik iſt es
für uns, eine ſo ſchöne Anzahl neuer-
wählter Standesglieder annoch in umſrer
Verſammlung zu ſehn, ob deren Beför-
drung ſich Stadt und Land erfreuen können. Dieſer Beſuch iſt deſto troſtlicher,
weilen ſie uns durch den Mund unſers
ſo rühmlich geweſenen Herrn Schultheiſſen ihrer Wohlgewogenheit verſichern laſſen, die wir durch eine ehrerbietige und
beſcheidene Aufführung gegen unſre Gnädige

dige Obrigkeit jeweilen werden zu verdienen trachten. Ja, **Wohlgebohrne
Herren**, an Eurer Huld ist uns unge-
mein viel gelegen. Dagegen schmeicheln
wir uns auch, es werde Euch das Zutrauen so vieler Mitbürger, Freunden,
Verwandten und Brüder, die hier zugegen sind, nicht völlig gleichgültig seyn;
erlaubet derowegen, daß wir Euch mit
Freymüthigkeit eröfnen, auf welche Weise
Ihr selbiges gänzlich gewinnen könnet.

Ein rechtschaffener Bürger der Stadt
Bern, der die Liebe zur Freyheit, und
eine gewisse Edelmüthigkeit mit der Milch
seiner Mutter eingesogen, und den Trieb
dazu allbereit mit sich auf die Welt gebracht, der leistet allen seinen Obern,
ohne Unterscheid, die Treue und den Gehorsam, so er Ihnen schuldig ist; allein

A 3 sein

sein Herz und seine Neigung kan er nur
solchen Magistraten schenken, die des
Amtes, so Sie in dem gemeinen Wesen
bekleiden, vollkommen würdig sind; die
durch ihre ganze Aufführung zeigen, daß
Sie Stadthaltere GOttes auf Erden sind;
denen die Religion, die Verwaltung der
Justiz, die Beobachtung der Polizey,
die Pflichten ihres verschiedenen Berufs,
und die Aufrechthaltung der alten guten
Sitten, am Herzen ligen.

Welche liebreich gegen die Burgerschaft sind, und selbige bey ihren Handwerks = und übrigen Freyheiten schützen
und schirmten; welche gütig gegen die
Unterthanen sind, und stolz, da wo sie
die Würde der Republik gegen fremde
Machten behaupten sollen; denen das gemeine Beste mehr als die Beförderung
ihrer

ihrer Verwandten am Herzen ligt; die
sich mit allen Schäzen der Welt nicht
bestechen liessen; die Tag und Nacht vor
das Beste des Vaterlandes wachen; die
sich der Wittwen und Waysen anneh=
men, und wie ein vester Damm dem
einreissenden Strohme der fremden Ge=
bräuche und Lastern entgegen stehn; die
den wahren Nuzen der Republik kennen;
die unsern lieben alten Eyd = und Bunds=
genossen alles mögliche zu Gefallen thun,
und hingegen keinem Fürsten, er mag
so nahe und so mächtig seyn als er will,
nicht den geringsten Eingriff in unsere
Unabhänglichkeit gestatten; die lieber mit
dem freyen Vaterlande sterben, als ohne
freyes Vaterland leben wollen.

Solche Magistraten wünschen und
verlangen wir die Burger dieses freyen

Staates

Staates, und solchen bringen wir unsre
freyen Herzen in freyen Fesseln dar.

Keiner von Euch wird finden, Wohlgebohrne Herren, daß wir zuviel von
Ihme erwarten sind. Schlaget unsre Chro-
niken auf, so werden viele von Euch in
der Reihe ihrer Voreltern solche finden,
die diesem geschilderten Charakter eines
patriotischen Magistraten ähnlich sind,
welche noch dazu mit ihrer mannlichen
Faust die Grenzen unsers Landes ausge-
spannt, und ihren Geschlechtern einen
unverweslichen Glanz zuwegegebracht.

Da wir nun von Euch hoffen und
vermuthen, daß Ihr in die Fußstapfen
der alten Berner tretten werdet; so versprechen wir Euch die gleiche Ehrerbietung, welche die Burgerschaft von Bern
vast

vaſt jeweilen gegen lobliche Regenten bezeigt. Betrachtet alsdenn unſere Leiber
als eine Schanze um Euern Thron, und
unſer ganzes Vermögen, als einen Vor-
rath, der Euch zu bedenklichen Zeiten
offen ſteht.

Vergeſſet aber auch nicht, Wohlgebohrne Herren, der Dankbarkeit,
die Ihr dieſen löblichen Auſſern Stande
annoch ſchuldig ſeyd, der Euch in der
Regierungskunſt, in den Saz- und Ordnungen der Republik, unterrichtet hat,
wo Ihr die Herzhaftigkeit erlanget, öf-
fentlich zu reden, und die Gewohnheit,
Eure Gedanken deutlich vorzutragen.

Ihr zwey, Edle Herren, die Ihr
unſere ſo rühmliche Oberhäupter geweſen,
und nunmehr eine wichtigere Laufbahn

A 5             der

der Ehren angetretten, laſſet Euch dieſen
Loblichen Stand allzeit fürbefohlen ſeyn.
Und jemehr Ihr werdet von einem Staf-
fel der Ehren zu dem andern gelangen,
deſtomehr wendet Euer zunehmendes Anſehen zum Beſten einer Geſellſchaft an,
wo Eure aufwachende Ehrbegierde den
erſten Lorbeerkranz erfochten hat.

Ihr alle, **Wohlgebohrne, Hoch-
geachte, Gnädige Herren!** denen das
Schikſal nunmehr die bürgerliche Krone
auf Eure Häupter geſezt, nehmet dieſen
loblichen Stand in Euren hohen Schuz,
laſſet ſelbigen unter Euerm gnädigen
Scepter blühen, und laſſet uns alle insgeſamt, und einen jeglichen von uns ins-
beſonders, Eurer hochſchäzbaren Wohlgewogenheit vorbefohlen ſeyn.

# Rede,

welche der Verfasser

den 2ten Hornung 1764.

## vor dem Hochlöblichen

# Aussern Stand

über die

## Schlacht von St. Jakob

gehalten.

───────────

BERN,

Gedrukt bey Brunner und Haller, 1766.

Edle, Freye, Männhafte ꝛc.
Insonders Hochgeehrteste
# HERREN,
Schultheiß, Räth und Burger!

N iemalen habe ich mehrere Ursache gehabt, zu wünschen, mit
der Gaabe der Beredsamkeit
ausgerüstet zu seyn, als auf den
heutigen Tag, damit ich die herrlichen Thaten der alten Eydgenossen nach Würde erzehlen könnte. Als ich durch Eure Wahl, Hochgeehrteste Herren! zu diesem Geschäfte beruffen wurde, liesse mir die Freude, die Euer
Zutrauen in mir erwekte, keineswegs zu, vorhero

hero meine Kräften zu prüfen, ob ich dieser
Verrichtung gewachsen seye. Der Anlas, der
mir gegeben wurde, meine Ehrerbietung gegen das Angedenken der schweizerischen Helden an den Tag zu legen, und meine Empfindungen darüber wallten zu lassen, bemei-
sterte dergestalt meine Sinnen, daß ich nicht
auf meine geringe Fähigkeit zurüksehen konnte;
Ich nahm Euern Antrag mit gerührtem Herzen an, und bitte Euch gegenwärtig, Hochgeehrteste Herren, Eure Aufmerksamkeit
nicht auf die Fehler meines Vortrags, sondern auf die vortreflichen Beyspiele zu richten,
die ich Euch vorlegen will, um Euere Gemüther mit einer edlen Begierde anzuflammen,
auf der Laufbahne der Tugend und Tapferkeit
Euern Vätern nachzufolgen.

Wozu kan eine so Edle Burgerschaft ihre
Zeit besser anwenden, als zu Anhörung des-
jenigen, was Ihre Voreltern preißwürdiges verrichtet haben. Die Würkung, welche ein solcher Vortrag in den Gemühtern
macht, ist zu allen Zeiten bekannt gewesen,
und die Geschichten der ältesten Völkern lehret
uns, daß sie sich dieses Mittels bedienet, um
ihre Söhne mit dem Heldenfeuer zu begeistern,
welches hernach so ausserordenliche Thaten
gezeugt; die Versammlungen ganzer Nationen

nen waren dazu beſtimmt. In den erſten Zeiten der Welt ſchloſſe man einen Kreys, um
einen ehrwürdigen alten Mann, deſſen Reden ſeine grauen Haare, ſein väterliches Ant-
liz, und die Erinnerung ſeines ruhmvollen
Lebens, ein neues Gewicht und Anſehen gaben. Nachwärts war es der geſchikteſte eines
Volks, der dieſes Amt verrichten mußte; auf
dieſe Weiſe hat Herodotus ſeine Geſchichten-
bücher den alten Griechen vorgeleſen. Bey
den alten Germaniern und Helvetiern ver-
richteten ihre Prieſter, die Druiden, dieſes Geſchäft, und ihre poetiſchen Lobreden waren die einzigen mit Fabeln untermengten Urkunde des grauen Alterthums dieſer beyden
heldenmäßigen Nationen. Auch in unſerer
Vaterſtadt iſt jeweilen gebräuchlich geweſen, in
den gehaltenen Reden, dorten vor den Vätern des Landes, und hier vor den Söhnen
des Fürſten, etwas zum Lobe der Helden zu
melden, welche theils den ſchweizeriſchen Bund
geſtiftet, theils mit ihren löblichen Thaten
befeſtiget haben; billich aber ſind wir demjenigen Dank ſchuldig, welcher der erſte die
Meynung eröfnet, nicht allein einen beſon-
dern Tag dazu zu beſtimmen, ſondern jeweilen unſere Verſammlung damit anzufangen.
Dieſer löblichen Stiftung ſind wir ſchon viele
treflich Reden ſchuldig, und ich zweifle keineswegs

wegs , daß sie nicht einen guten Eindruk in
Euere Gemüther gemacht ; ich beklage diejenigen , welche sich nicht gerührt gefunden , bey Anhörung dessen , was ihre Voreltern bey Morgarten, Laupen , Sempach,
Grandson, Murten und Nancy, bey No-
varra, und Marignan , preißwürdiges verrichtet haben : auch die Lobrede auf unsern
Stifter, ist so gelungen, daß der Dank, den
wir diesem edlen Fürsten schuldig sind , uns
dadurch noch mehr in die Augen geleuchtet
hat.

Mancher, der in den vaterländischen Geschichten nicht zum Besten bewandert ist , der
könnte glauben, die Materie zu dergleichen Reden sollte würklich erschöpft seyn , da schon
so viele Siege besungen worden. Allein ein
solcher weiß noch nicht , wie viele Helden,
und wie viele treffliche Thaten unser Vaterland aufweisen kan ; Es bleibt mir noch ein
reicher Stoff übrig , und meine Nachfahren
werden noch eine lange Reihe von Jahren
ein weites Feld vor sich finden.

Da mir die Wahl überlassen wurde , so
wollte ich lieber bey den Zeiten bleiben , da
die Tugenden unsrer Väter noch unverfälscht
gewesen; da noch kein fremdes Laster in ihre

Gemüther

Gemüther, und kein ausländisches Gift in ihre Adern geflossen war; da ihre Tapferkeit noch nicht vom Eigennuz geleitet, ihre Frömmigkeit noch nicht mit Heuchelen untermenget, und ihre Liebe zum Vaterlande noch nicht mit entgegenstreitenden Leidenschaften verknüpft gewesen. Ich will Euch auf das Schlachtfeld von St. Jakob führen, auf welches die Schuzgeister unseres Landes noch würklich mit Erstaunen vom Himmel herab sehen; und wenn Euch bey blosser ungekünstelter Erzehlung dieses merkwürdigen Tages kein ungeduldiger Schauer überfällt, die steilen Wege der Tugend und Tapferkeit durch alle Hindernisse hindurch muthig zu betreten, so weis ich nicht, wo das Blut Eurer Väter hingekommen, welches in Euern Adern fliessen sollte.

Im Jahre 1436. starb Friderich, der lezte von den Grafen von Toggenburg, welches Geschlecht eine Zeitlang in Helvetien geblühet, nach einem vorgegangenen Brudermord aber unter dem Fluch des Himmels geschmachtet hat; Er hatte zuerst mit der Stadt Zürich, nach gefaßtem Unwillen aber mit der Landschaft Schweiz, ein Burgerrecht aufgerichtet, und seinen Unterthanen nebst Ertheilung schöner Privilegien freygestellt, welchen von bey

B                                den

den Cantonen ſie nach ſeinem Tode lieber zum
Schuzherrn haben wollten.    Hierauf erklärten ſich die einten für Zürich, die andern für
Schweiz, die meiſten aber blieben neutral.
Die verwittibte Gräfin vermeynte auch ein
gegründetes Recht auf die Verlaſſenſchaft zu
haben; und damit ſie die Zürcher begnüge,
und auf ihre Seite bringe, ſo verehrte ſie
ihnen die Herrſchaft Uznach als ein Eigenthum;
die Angehörigen aber dieſer Herrſchaft weigerten ſich, als Unterthanen zu huldigen,
und begaben ſich in den Schuz der Cantonen
Schweiz und Glaris. Dieſe beyden demokra-
tiſchen Länder begnügen ſich damit nicht, ſondern nehmen auch die meiſten übrigen Toggen-
burgiſchen Herrſchaften in ihren Schuz; dadurch wurde der Zürcher Eiferſucht rege gemacht: und da ſie öfters in ihren Entſchließ-
ſungen heftig geweſen, ſo wollen ſie ſogleich zu
den Waffen greiffen; die Schweizer und Glarner machen ſich auch auf allen Fall hin verfaßt, und citiren ihre Gegenparthey vor das
eydgenößiſche Recht. Die verordneten Schiedsrichter geben den Ausſpruch zu ihren Gunſten,
die Zürcher aber wollen ſolbigen nicht annehmen, ſondern rukten ſogleich ins Feld, mit
dem Entſchluß, ihre Anſprache mit dem Degen in der Fauſt zu behaupten; umſonſt trachteten die unpartheyiſchen Cantone den Frie-

den

den wiederum herzustellen, und dem Jam-
mer eines bürgerlichen Krieges zu begegnen,
welcher so leicht das Band der Eydgenoßschaft zerreissen, und die Freyheit von ihrem
Thron, welchen sie in Helvetien aufgeschla-
gen, wieder herunterstürzen konnte.

Nach vergeblichen Vermittlungen, nahmen die unpartheyischen Orte, den Bünden
gemäs, der Schweizer und Glarner Parthey,
weilen die Zürcher dem eydgenößischen Recht
durchaus sich nicht unterwerfen wollten; die
Stadt Zürich aber suchet Hülfe bey dem Hause Oesterreich, sie trittet selbigem die ganze
Grafschaft Kyburg, das schönste Kleinod ihrer Besizungen, welches weit beträchtlicher
als Uznach war, wiederum ab, und kriechet
also ihrem ärgsten Feinde unter die Flügel:
so unbedachtsam sind die Menschen, wenn sie
sich durch ihre Leidenschaften hinreissen lassen.

Friderich von Oesterreich sasse damals auf
dem kayserlichen Throne, er war zugleich das
Oberhaupt seines Hauses, und ergriffe mit
Froloken den Anlas, welchen ihm die Zweytracht der Eydgenossen so günstig darreichte,
sich an diesen verhaßten Feinden zu rächen.
Er kam selbsten nach Zürich, und forderte
von den übrigen Cantonen die Länder wieder,

welche

welche seine Voreltern besessen hatten; als sie
sich dazu nicht verstehen wollten, so schlägt
er ihnen die kayserliche Bestättigung ihrer
Freyheiten ab. Hierauf giengen die Feindseligkeiten an; es wäre zwar den Eydgenossen
ein leichtes gewesen, den Kayser inwährend
seinem Aufenthalt in der Schweiz in ihren
Gewalt zu bekommen, weilen er nur ein schwa-
ches Begleit bey sich hatte, allein dieses kam
nicht mit ihrer Großmuth überein.

Nach abwechslendem Glüke nehmen die
Waffen der Eydgenossen die Oberhand, und
den 16ten Junii 1444. wurde mit Belagerung der Stadt Zürich der Anfang gemacht.
Diese Belagerung ist ein merkwürdiges Bey-
spiel des Wechsels der menschlichen Dingen;
hätten je die Zürcher glauben sollen, daß die
gleichen Eydgenossen, vor welche sie zu Sempach ihr Leben so großmüthig dargebotten,
innert 70. Jahren ihre Söhne bis in ihre
Mauern verfolgen, und dorten mit der größten Hartnäkigkeit belagern würden. O gütige Vorsehung! die du uns die zukünftigen
Dinge verborgen hast; wie würden wir alle
zittern, die wir hier zugegen sind, wenn wir
wüßten, wie bald auf den Verfall unserer
Sitten der Untergang unserer Republik erfolgen wird.

Die

Dieweilen die Eydgenossen mit Belagerung
der Stadt Zürich beschäftiget waren, so wurde die Stadt Brugg von einem österreichi-
sen Partheygänger, Thomas von Falkenstein,
geplündert und angezündet; dieses war aber
nur ein geringes Vorspiel des fürchterlichen
Ungewitters, welches den eydgenößischen
Gränzen sich näherte. Der französische Kronprinz rukte mit einem Kriegesheer von 50.
bis 60000. Mann heran, welche aus allerhand Nationen gesammelt waren, und in
dem Krieg der Franzosen wider die Engländer sich in den Waffen geübt hatten. Der
Vorwand dieses mächtigen Anzugs, war die
Zerstöhrung der Kirchenversammlung von Basel; die Eydgenossen aber wußten wohl, daß
ihnen Oesterreich mit diesem verbundenen Heer
den Untergang geschworen hatte. Schon
den 20sten Augustus liessen sich die Feinde
in der Gegend um Basel herum erbliken,
und verursachten, wegen der damaligen schlechten Kriegeszucht, desto grössern Schaden überall. Die Basler verschliessen sich in ihre
Mauern, sie rüsten sich zu einer herzhaften
Gegenwehr, und senden eylende Botten an
ein Eydgenößisches Heer, welches an den
Gränzen des Frikthals, mit Belagerung des
auf einem hohen Felsen gelegenen Schlosses
Farnsberg beschäftiget waren. Diese sen-

den

den ihnen 900. Mann, meiſtens von Bern und Luzern; und als man in dem Lager vor Zürich die Gefahr vernommen, welche die Stadt Baſel bedrohte, wurden 600. Mann abgeſondert, und mit obigen 900. der ganzen feindlichen Obermacht entgegengeſtellt: ein ſolches Zutrauen hatten die Eydgenoſſen damals zu ihrer Tapferkeit. Baſel war zwar noch nicht in dem eydgenößiſchen Bunde, es mußte aber den Schweizern an Erhaltung dieſer wichtigen Gränzſtadt nothwendig viel gelegen ſeyn.

Die Hauptleute, welche dieſe 1500. Mann Hülfsvölker anführten, deren jeglicher Name zur Nachwelt hätte gelangen ſollen, waren Johannes Matter von Bern, Hofſtetter von Luzern, Arnold Schik von Ury, Joſt Reding von Schwetz, Rudolf Brändly von Unterwalden, Seiler von Zug, Rudolf Nettſtaler von Glaris, und Seevogel von Baſel ſelber. Sie giengen alle einem gewiſſen Tode fürs Vaterland entgegen, und ſtritten nur um die Wette, wie viel Opfer einer gerechten Rache ein jeglicher zuvor ſelbigem abſchlachten könne.

Den 25. Augſtmon. langten ſie zu Brattelen an, vorhabens, von dannen durch die

Feinde

Feinde durchzubrechen: Umsonst stellte sich ihnen der Herr von Dammartin mit 8000.
Mann entgegen, sie jagen ihn sogleich in eine
schandliche Flucht. Hierauf greiffen sie 10000.
Mann zu Muttenz mit der gleichen Ungestü-
migkeit an, schlagen viele davon tod, und
jagen die übrigen über die Birs, wie ein Wir-
belwind, zu dem feindlichen Gewaltshauffe
zurük. An den Ufern dieses kleinen Flusses
trachten die Hauptleute, bey denen die Tapferkeit, so wie es sich Anführern geziemet,
mit Klugheit gepaaret gewesen, die muthigen
Soldaten zurükzuhalten; allein sie folgen, wider ihren Gebrauch, keiner andern Stimme
mehr, als der Stimme einer unerschrokenen
Herzhaftigkeit, und glauben nicht, daß sie
sich des Sieges rühmen können, so lange ihnen gewafnete Feinde dörffen vor Augen stehen. Da nun die Brüke allzusehr besezt ware; so brechen sie durch das Wasser hindurch,
500. von ihnen länden an eine kleine Insul
unter der Brük, und opfern da alle helden-
müthig ihr Leben auf. Die noch übrigen 500.
erreichen, mit ihren eisernen Armen, das gegenseitige Ufer. Umsonst blizet und donnert
das grobe feindliche Geschüz auf sie los; sie
halten fest, wie eine Mauer zusammen, und
öfnen sich durch die dichtesten Glieder der Feinden eine blutige Bahn: Fällt einer von ihnen,

so folgen ihme sogleich so viele Feinde in das
Reich der Schatten nach. Endlich erreichen
sie, vom Siegen ermüdet, den Kirchhof von
St. Jakob, der mit einer vesten Mauer um-
schlossen war; da wurden sie von den durch
ihre Niederlage erbitterten Franzosen mit immer frischen Völkern von allen Seiten ange-
sprengt. Die Mauer um den Kirchhof wurde
durch die Artillerie erschüttert, und fiele endlich mit Krachen zu Boden. Das Gebäude
St. Jakob stuhnde auch schon in vollen Flammen: und endlich erobern die Feinde alle Zugänge mit Sturm; da sammlen die Eidgenos-
sen ihre sterbenden Kräften zusammen, sie reissen die Pfeile aus ihren Wunden, und töden
noch ihre Feinde damit. Mit ihren zerfez-
ten Körpern räumen sie noch alles um sich
herum weg, und legen sich endlich, bis an
wenige unglükselige Flüchtlinge, erblasset auf
die mütterliche Erde nieder, nachdem sie bis
aufs äusserste vor das Vaterland und vor die
Freyheit gefochten hatten.

Indessen brache der Abend heran, und
Burkhard Mönch von Landskron wollte sich
noch an dem Anblik der erschlagenen Eidgenos-
sen erquiken: er trate stolz über das Schlachtfeld einher, er befleckte das vergossene Hel-
denblut mit seinem hochmüthigen Gang, und
rühm-

rühmte sich, wie er in Rosen bade; aber ein
tödlich verwundeter Eidgenoß, dem die Augen
noch nicht völlig gebrochen waren, der hub
sein mattes Haupt über die Leichnahme seiner
Freunde empor, er stuzte sich auf die Knie,
welche er in seinem Leben so oft mit Ehrerbietung gegen den HErrn der Heerschaaren,
bey dem Eingang der Schlachten, gebogen
hatte, er faßte einen nahe gelegenen Stein,
und traf damit den stolzen Feind an die
Stirne, daß er tod zur Erde fiel.

Also endigte sich dieser merkwürdige Tag,
dessen Angedenken so lange, als der Schweize-
rische Name, währen wird. Es wurde zwar
diesen unvergleichlichen Helden kein Grabmahl
von Marmor aufgerichtet: die Tugend braucht
keine solche Belohnungen, welche oft dem Laster aus Schmeicheley verschwendet werden.
Ihre Gedächtnißsäule ist unsere Freyheit, welche, GOtt sey gedankt! noch aufrecht steht;
und die Bewunderung der Nachwelt ist die
schönste Belohnung einer preiswürdigen That.

Der Kronprinz von Frankreich erschrak ab
einem so theuer erworbenen Sieg, er zog seinen Fuß, mit Beben, von den helvetischen
Gränzen zurük, wie ein unvorsichtiger Jüng-
ling, der in Lybiens Wüsteneyen auf den

B 5                              him-

himmelblauen Hals einer schäumenden Schlan-
ge getretten. Er machte mit den Eydgenossen
Friede; und als er hernach den Thron seiner Väter bestiegen, so ruhete er nicht, bis
er mit dieser tapfern Nation einen Bund gemacht.  Diesem Bunde haben wir die Burgundischen und Italienischen Kriege zu danken gehabt, welche zwar nicht wenig zum
Schweizerischen Ruhm beygetragen; zugleich
aber viele hievor unbekannte Laster unter uns
bekannt gemacht.

Obwohlen nach der Schlacht bey St. Jakob die Belagerungen von Zürich und Farnsberg aufgehoben wurden; so wurden doch
die Eydgenossen erst zwey Jahre hernach mit-
einander ausgesöhnt.

Lasset uns nun, Hochgeehrteste Herren!
zum Beschluß, die damaligen Zeiten mit den
heutigen vergleichen, und schauen, ob wir
besser als unsere Väter seyen; oder aber ob
unsere Väter besser als wir gewesen sind.

Die alten Schweizer waren grob, aber
aufrichtig; ihre Söhne sind höflich, aber wenig offenherzig. Die alten Schweizer waren
zwar ein wenig abergläubig; ihre Söhne sind
ungläubig. Die alten Schweizer liebten die
nützliche

nüzliche Einfalt; ihre Söhne den schädlichen Pracht. Den mindern Gebrauch des Weins haben wir nur den verderblichern ausländischen Getränken zu danken, die an seinem Plaz aufgekommen. Die alten Eydgenossen waren von allen umligenden Völkern, wegen ihrer Tapferkeit, gefürchtet, wegen ihrer Redlichkeit gepriesen, wegen ihrer Kriegszucht bewundert, wegen ihrer Einigkeit verehrt, wegen ihrer Stärke bekannt. Das ganze Römische Reich hielte sie hoch; Oesterreich griff sie nicht anders, als mit Schreken an; Frankreich schäzte sich glükhaftig, wenn es sie zu Hülfsvölkern haben konnte, und schmeichelte davor; Italien zitterte vor ihnen; Englands und Ungarens beste Könige liessen sie durch ihre Abgesandte ihrer Ehrfurcht versichern; die Kirche hielte sie vor ihre Beschüzer, und viele Fürsten und Städte suchten ihr Heyl unter ihrem Schuz: Heut zu Tage ist Oesterreich eine fürchterliche Macht für uns; unsere Freyheit und unsere Wohlfahrt liessen wir oft in den neuern Zeiten gleichsam von Frankreichs Gnade abhangen. In Italien ist unser Name fast nicht mehr bekannt; die Deutschen, unsere ähnliche Brüder, die aber noch minder abgeartet sind, als wir, die verachten uns; die entlegenen Völker kennen uns kaum, und in unserm Lande herrschen oft

Zweytracht

Zwentracht zwischen den Endgnoſſen, und
Reid zwiſchen den Bürgern.

O langer Friede! wie ſüß ſind deine Früchte,
und wie bitter ſind deine Folgen! So lange
wir die Waffen in den Händen hatten, waren wir ein tapferes und frommes Volk; nunmehr, da wir in glükſeliger Ruhe die man-
nigfaltigen Produkte unſers geſegneten Vaterlandes einerndten können, ſind wir ein aus-
gelaſſenes und zaghaftes Volk.

Laſſet uns aufwachen, Wertheſte Mitbürger! von unſerm tödtlichen Schlummer:
laſſet uns den Abgrund betrachten, der zu
unſern Füſſen offen ſteht: laſſet uns einen beſten Entſchluß faſſen, ſo tapfer, ſo fromm,
ſo redlich, ſo frey, als unſere Väter zu ſeyn;
ſo werden wir im Frieden den göttlichen Se-
gen auf unſere Häuſer bringen, und im Krieg
das Glük und den Sieg an unſere Fahnen
heften.